IM BETT *mit* MR. GREY

W0193658

IM BETT *mit* MR. GREY

Christine Janson

Der SM-Ratgeber für Neugierige

ISBN 978-3-517-08900-3

Lektorat: Ina Raki
Illustrationen: © Beate Brömse, München
Fotos: © Andrea Tani/E+/Getty Images (S. 8/9); © Goldmund Lukic/E+/
Getty Images (S. 48/49); © emre organ/E+/Getty Images (S. 106/107)
Umschlaggestaltung und Konzeption: zeichenpool, München, unter
Verwendung eines Fotos von © Südwest Verlag
Layout und Satz: Nadine Thiel | kreativsatz, Baldham
Druck und Verarbeitung: GGP Media GmbH, Pößneck

Printed in Germany

Verlagsgruppe Random House FSC-DEU-0100
Das für dieses Buch verwendete FSC®-zertifizierte Papier *EOS*
liefert Salzer, St. Pölten.

817 2635 4453 6271

Inhalt

Ein paar Worte vorweg

Als Erotik-Coach habe ich in meiner Praxis oft mit Paaren zu tun, die in einer langjährigen Beziehung leben und nach neuen Ideen für ein aufregendes Liebesleben suchen. Mir ist dabei in den letzten Jahren aufgefallen, dass sich immer mehr Frauen im Bett einen dominanteren Mann wünschen, der das sexuelle Begehren auch mal etwas härter und direkter zeigen kann. Doch viele Männer sind mit dieser Rolle überfordert, schließlich haben sie über viele Jahre von uns Frauen gelernt, dass sie auf keinen Fall Macho sein sollen! Aber immer nur lieb und nett zu sein, ist für die gemeinsame Sexualität eben nicht von Vorteil: Oft fehlt es dann an erotischer Spannung, die den Sex so interessant macht.

Wie können Sie nun neue Spielarten der Lust entdecken und dadurch frischen Wind in Ihre Beziehung bringen? Das ist die Frage, der ich in diesem Buch nachgegangen bin, und gerade die Beschäftigung mit SM bietet eine Möglichkeit, neue Facetten der Liebe zu entdecken. Und natürlich muss auch nicht immer der Mann in der dominanten Rolle sein! Auch viele Frauen entdecken gern die Domina in sich – und Abwechslung ist meiner Meinung nach ohnehin das Salz in der Suppe.

Ich finde, Lesen soll auch Lust machen! Mit diesem Buch möchte ich Sie zu aufregenden neuen Abenteuern inspirieren. Ich habe deshalb keinen klassischen Ratgeber geschrieben, sondern ein sehr persönliches Buch, in dem Sie auch einiges über meine eigenen Erlebnisse erfahren. Viel Freude beim Lesen!

Ihre Christine Janson

Geheimes Verlangen: Fantasien über extreme Lust

Auf den nächsten Seiten möchte ich Ihnen neue Möglichkeiten der Erotik aufzeigen, an die Sie vielleicht bisher noch nie gedacht haben. Sie erfahren außerdem, worum es beim SM überhaupt geht – welche Vorurteile gibt es, welche Fantasien werden bedient?

Erotik beginnt im Kopf

Wann ich angefangen habe, mich bewusst mit SM zu beschäftigen, weiß ich eigentlich nicht mehr so genau, aber ich glaube, es war schon immer ein Teil meiner erotischen Fantasien. Sex findet für mich nicht nur auf einer körperlichen Ebene statt, sondern vor allem auch im Kopf. Der durchdringende Blick eines attraktiven Fremden, der mich in der Hotelbar von Weitem beobachtet, kann mich ebenso stark erregen wie ein harter Penis in meiner Möse. Und sehnsuchtsvolle Gedanken an leidenschaftlichen Sex mit meinem Liebsten können mir sogar den Schlaf rauben. Sexualität geht für mich weit über die Körperlichkeit hinaus und hat für mich mit einem tiefen Verlangen nach Verschmelzung und nach totaler Hingabe zu tun, und dieses Gefühl wird für mich in der »normalen Sexualität« manchmal nicht ausreichend befriedigt.

Verstehen Sie mich nicht falsch: Ich liebe auch ganz »normalen« lustvollen Sex und gegen die Missionarsstellung habe ich nichts einzuwenden. Denn dabei kann man sich toll in die Augen schauen, und das finde ich wunderschön und romantisch. Manchmal reicht mir ein Quickie und ich genieße es, danach in den Armen meines Liebsten einzuschlafen. Aber es gibt auch Tage, da will ich mehr! Dann möchte ich nicht nur 20 Minuten lang Sex haben und anschließend neben einem Mann liegen, der in einen komatösen Erschöpfungsschlaf gesunken ist, sondern ich möchte stundenlang erregt sein und einen ganzen Abend lang, ja vielleicht die ganze Nacht in einen sinnlichen Rausch verfallen.

Ich liebe Tantra und wunderschöne sanfte Massagen, aber mal ganz ehrlich: Sie möchten doch auch nicht jeden Tag Ihr Lieblingsessen verspeisen. Ganz gleich, wie gut Ihnen indisches Chicken-Curry schmeckt – irgendwann wünschen Sie sich vielleicht auch mal wieder ein saftiges Rindersteak oder eine thailändische Gemüsepfanne. Auch wenn ich meine persönlichen Vorlieben habe, so finde ich doch, dass Abwechslung das Salz in der Suppe ist. Manchmal mag ich es härter, will starke Sinnesreize spüren, will mich zur Wehr setzen und doch am Ende erfahren, dass ich gegen einen starken Mann keine Chance habe. Ich finde, Frauen sind sowieso das stärkere Geschlecht, und deshalb habe ich keine Probleme damit, auch mal ganz freiwillig die Unterlegene zu spielen. Menschliche Emotionen sind so vielfältig und es ist so spannend, immer wieder die eigenen Grenzen zu erweitern. Meiner Meinung nach gehört Neugierde zu einem guten Liebesleben unbedingt dazu, denn auf diese Weise werden Partner füreinander niemals langweilig.

Ich sehne mich nach liebevoller Verschmelzung, aber auch das Gefühl der Erniedrigung hat für mich einen gewissen Reiz. Ich spreche hier nicht von einer extremen Situation, in der mein Partner mich im Alltag vor anderen Menschen lächerlich macht oder mich demütigt. Aber im Rahmen einer fest vorgegebenen erotischen Spielsituation macht mich das durchaus an.

Mein erstes Erlebnis mit SM

»Heute lade ich dich zum Essen ein, zu einem ganz schicken Italiener«, überraschte mich mein Freund eines Abends.

»Oh klasse!« Meine Diätpläne waren im selben Augenblick vergessen und nachdem ich mich geduscht hatte, schlüpfte ich in ein wunderschönes rotes Kleid, das meinen Körper wie eine zweite Haut umhüllte.

»Es gibt allerdings eine kleine Bedingung für dieses besondere Geschenk«, kündigte mir mein Liebster an. »Bedingungen hören sich nach Überraschungen an«, dachte ich mir. Und Überraschungen mag ich! Langsam schob er mein Kleid nach oben und begann meinen Slip nach unten zu ziehen. »Heute wirst du ohne Höschen mit mir ausgehen« flüsterte er erregt in meinen Schoß und küsste mich dabei zwischen den Beinen.

»Mmmh, das macht mich ziemlich an«, hauchte ich zurück. Allerdings ging mir gleichzeitig auch durch den Kopf, dass sich meine runden Pobacken sicher bis in alle Einzelheiten unter dem Kleid abzeichnen würden. Und auf keinen Fall durfte mir etwas auf den Boden fallen: sich zu bücken würde mit dem kurzen Kleidchen sicher anderen Menschen Aussichten eröffnen, die ich nicht unbedingt bieten wollte!

»Hoffentlich sieht uns niemand, den wir kennen«, gab ich zu bedenken.

»Na und, wenn schon ... das erhöht doch den Reiz.«

An diesem Abend wurden wir auffällig zuvorkommend von den Kellnern bedient ... vor allem, nachdem mein Freund mir mit einem süffisanten Lächeln befohlen hatte, aufzustehen und eine heruntergefallene Serviette vom Boden aufzuheben.

Fantasien sind frei!

Erotik beginnt im Kopf. Mich macht beispielsweise auch das Gefühl der Eifersucht in meinem Kopfkino so richtig an! Dabei gibt es dann auch durchaus Fantasien, die ich eigentlich unverschämt finde. Ich muss gestehen, dass es mich erregt, wenn ich mir meinen Partner mit einer anderen Frau vorstelle, auch wenn ich das in Wirklichkeit nicht besonders toll fände – zumindest wenn ich nicht mitmachen darf. Aber in meiner Fantasie macht es mich total an. Muss man alle Fantasien ausleben? Ich persönlich glaube nicht, dass das nötig ist, und oft ist die Vorstellung sogar besser, als das reale Abenteuer. Und manchmal würde das reale Ausleben der Fantasie sogar zu einem traumatischen Erlebnis führen und alles andere als lustvoll sein. In unserem Kopfkino sind wir selbst der Regisseur und haben die Kontrolle über den Verlauf der erotischen Szene.

»Welche erotischen Fantasien habt ihr?«, fragte ich eines Abends in unserem griechischen Lieblingslokal meine beiden besten Freundinnen.

»Ich gehe gern mit Schal und Wollsocken ins Bett«, seufzte meine Freundin Sabine. Okay, Sabine hatte offensichtlich keine besonders aufregenden Ideen und vermutlich auch keine Lust mehr auf Sex. Es war mir zumindest nicht bekannt, dass ihr Mann einen besonderen Fetisch für Schafwolle hatte … aber wer weiß?

»Und wie ist es bei dir?«, fragte ich Ulrike. »Jetzt lass mich nicht im Stich, Ulrike«, dachte ich bei mir.

»Ich geniere mich, euch das zu erzählen«, machte sie uns neugierig. »Jetzt komm schon. Bleibt doch ganz unter uns«, feuerten wir sie an. »Nicht, dass ihr mich falsch versteht. Ich würde das wirklich nicht erleben wollen«, fügte sie errötend hinzu.

»Na, jetzt aber los!« Wir waren wirklich ganz heiß darauf zu erfahren, was Ulrike insgeheim anmacht.

»Ich stelle mir vor, dass ich allein in ein sehr teures Hotel gehe«, druckste Ulrike herum. Das war ja nun noch keine sehr ungewöhnliche Fantasie und gespannt warteten wir, was da noch kommen würde.

»Ich bin dort kein normaler Gast, ich habe einen ganz bestimmten Auftrag, denn ich arbeite als Callgirl. Ich gehe zur Rezeption und lasse mir den Zimmerschlüssel geben, der für mich hinterlegt wurde. Es ist eine wunderschöne Suite im obersten Stock und als ich das Zimmer betrete, überwältigt mich dieser wunderschöne Ausblick auf die leuchtende Skyline. Alles kommt mir so surreal vor.« Ulrike machte eine kunstvolle Pause und griff nach ihrem Glas Merlot.

»Ja und dann? Bis jetzt war das alles ganz nett, aber was passiert denn dann in dieser teuren Luxussuite?«, drängelte ich.

»Jetzt gedulde dich doch mal einen Moment.«

Ich wollte Ulrike nicht verärgern und hielt den Mund. Sie fuhr fort.

»In der Mitte des Raumes steht ein riesiges Bett und darauf liegen ein Brief, eine Augenbinde und ein iPod. Ich öffne den Brief und lese: ›Zieh dich nackt aus, setze den Kopfhörer auf und höre dir die Musik auf dem iPod an. Dann verbinde dir die Augen und warte, was mit dir passiert.‹ Ich folge den Anweisungen und lege mich auf das Bett. Ich kann nichts mehr hören, außer ›Mirage of Bliss‹ von Maximilian Hecker, dessen sanfte Stimme mich einlullt. Meine Augen haben sich an die Dunkelheit gewöhnt und ich weiß nicht, wie lange ich wartend auf dem Bett liege. Plötzlich spüre ich, dass ich nicht mehr allein im Zimmer bin. Ich kann gar nicht genau sagen, woran ich das merke, sehen oder hören kann ich ja nichts mehr. Es ist eher eine Ahnung oder Intuition. Eine Hand streicht über die Innenseite meines rechten Beines, ganz sanft und vorsichtig. Ist es eine Frauen- oder eine Männerhand, die mich berührt? Ich kann es nicht genau sagen, aber auf alle Fälle fühlt es sich gut an und ich beginne, mich in dieser ungewöhnlichen Situation zu entspannen. Aber wir sind nicht zu zweit hier in dieser Suite, das merke ich spätestens, als mir von zwei starken Händen – definitiv denen eines Mannes – die Arme über meinem Kopf mit einem weichen Seil zusammengebunden werden. Jemand küsst mich zwischen meine Brüste und lange Haare streichen beiläufig über meine nackte Haut, während jemand auch meine Füße fesselt. »Jetzt bin ich auch noch bewegungsunfähig«, geht es mir durch den Kopf. Doch statt mich zu ängstigen, erregt mich diese Vorstellung. Ich fühle mich völlig ausgeliefert und das ist ein angenehmer Zustand. Ich muss nichts mehr denken, nichts mehr entscheiden, habe meine Verantwortung für diesen Moment völlig abgegeben und gebe mich der Situation hin. Es gibt nichts mehr zu tun und ich darf einfach genießen.«

Sabine und ich seufzten wohlig auf. Die Vorstellung, nichts mehr zu tun zu haben, gefiel uns auch. Keine Steuererklärung mehr zu erledigen, keine lästigen Telefonate mit schwierigen Kunden führen zu müssen... Keine Entscheidungen mehr treffen zu müssen, ob es zum Frühstück Obst oder Müsli mit Joghurt sein sollte – oder ob man doch lieber mit einem Schokocroissant sündigen dürfte. All diese lästigen Alltäglichkeiten einfach mal abgeben. Das wäre schön.

»Und wie geht es weiter?«, fragten wir interessiert nach.

»Ach wisst ihr, Mädels, eigentlich ist es jetzt schon ziemlich spät und morgen muss ich ziemlich früh raus«, lächelte Ulrike uns versonnen an.

»Wie gemein, jetzt, wo es endlich spannend wird, willst du einfach gehen?«

Ich war verärgert – doch gleichzeitig lief mein Kopfkino auf Hochtouren. Und auf dem Nachhauseweg kam mir dann eine Idee: Ich werde meinen Freund bitten, ein wunderschönes Hotelzimmer zu buchen, mir die Augen zu verbinden, mir einen Kopfhörer aufzusetzen und vielleicht sogar noch einen Überraschungsgast einzuladen ... dann werde ich das Ende der Geschichte erfahren.

Der Marquis de Sade unter der Bettdecke

Schon als Teenager hat mich die Vorstellung von erotischer Unterwerfung und Erniedrigung erregt. Das Alltägliche langweilte mich, ich war fasziniert von extremer Intensität und von Tabus. Lesen erzeugte in mir fantasievolle Träume und Bücher wurden zu meiner größten Leidenschaft. Wenn ich die Wahl hatte, mir in der Pause von meinem Taschengeld ein belegtes Brötchen oder das neueste Donald-Duck-Heft zu kaufen, fiel es mir nicht schwer, auf die Leckerei zu verzichten und mir stattdessen Nahrung für die Fantasie zu besorgen. Mindestens einmal pro Woche deckte ich mich als Teenager in der städtischen Bücherei mit neuem Lesestoff ein und irgendwann stieß ich im zarten Alter von zwölf Jahren auf das Buch »Justine«. Der Autor: der berüchtigte Marquis de Sade.

Ich sehe noch genau vor mir, wie ich das Buch zu Hause heimlich unter meiner Bettdecke versteckt hielt. Ich war zu diesem Zeitpunkt noch Jungfrau – allerdings kannte ich mich mit meinem eigenen Orgasmus schon recht gut aus. Das Buch war damals wie eine Offenbarung für mich. Auch wenn ich vieles noch nicht so genau verstand, war für mich klar, dass ich auf einen interessanten Schlüssel zu meiner eigenen Sexualität gestoßen war.

Was mich als Teenager vor allem an diesem Buch faszinierte, waren die ausführlichen sexuellen Schilderungen, die meist mit Erniedrigung, sexueller Gewalt und fantasievollen Orgien zu tun hatten. Zum ersten Mal bekam ich eine Ahnung, dass es manchen Menschen Lust bereitete, anderen Schmerz zuzufügen und sie leiden zu sehen. Einerseits war ich abgestoßen von der Gewalt, die der Protagonistin im Buch widerfuhr, andererseits übte diese dunkle Seite der Sexualität auch eine bisher unbekannte Faszination auf mich aus. Ich befand mich in einem seltsamen Zwiespalt. Diese Form von nicht einvernehmlicher Sexualität hätte ich in der Realität völlig inakzeptabel gefunden, doch die Bilder, die dadurch in meinen Fantasien hervorgerufen wurden, erregten mich. Manches konnte ich mir auch nicht so genau vorstellen, weil ich sexuell noch zu unerfahren war.

Trotzdem würde ich mit meinem heutigen Verständnis sagen, dass es sich nicht um SM-Spiele handelte, so wie es in der heutigen BDSM-Szene verstanden wird, denn bei de Sade geht es nicht um das einvernehmliche Miteinander aller Beteiligten, sondern schlichtweg um Missbrauch und um kriminelles Verhalten. Aber irgendwie schien mich das damals nicht besonders gestört zu haben. Die Geschichte erschien mir fast wie ein bizarres Märchen, das mich mit meinen eigenen Fantasien in Kontakt brachte. Eltern lesen Kindern ja auch Märchen wie »Hänsel und Gretel« oder »Rotkäppchen« vor, ohne sich darüber Gedanken zu machen, dass diese Geschichten eigentlich recht brutal sind.

Und mit wohligem Schaudern lesen wir einen Krimi und können auch dabei durchaus Fiktion und Realität voneinander unterscheiden.

BDSM – Spielarten der etwas härteren Lust

Die Abkürzung BDSM steht für die englischen Begriffe »Bondage/Discipline« (Sinnliche Fesselungen und strenge Erziehungsspiele), »Dominance/Submission« (erotische Spiele bei denen es um Macht und Unterwerfung geht), »Sadism/Masochism« (erotische Spiele, bei denen es vor allem um Lustschmerz geht). Auch wenn man im normalen Sprachgebrauch nur von SM (Sadomasochismus) spricht, so gibt es doch unterschiedliche erotische Subkulturen, die unter dem Begriff »BDSM« zusammengefasst werden und die sich mit den verschiedensten Spielarten der etwas härteren Lust beschäftigen.

Im gegenseitigen Einvernehmen werden diese Neigungen in verschiedenen sexuellen Spielen, Aktionen und Inszenierungen ausgelebt. Letztendlich geht es für die meisten Menschen beim BDSM darum, eine erotische Parallelwelt zu erschaffen, die vom realen Alltag ganz klar getrennt ist. Es ist wie ein sinnliches Ritual, bei dem es entweder einen genauen Ablauf gibt, der geplant wird, oder einer, der sich spontan aus der Situation ergibt. Sehr wichtig dabei ist, dass es sich immer um ein freiwilliges Spiel handelt, das jedem der Beteiligten Lust bereiten sollte und das jederzeit abgebrochen werden kann. Für diesen Fall gibt es auch stets fest vereinbarte Codewörter – sogenannte Safewords –, die als eine Art Notbremse funktionieren: Wenn einer der Beteiligten das vereinbarte Codewort ausspricht, wird die Aktion ohne Diskussion abgebrochen.

Wenn ich Menschen über ihre Neigung zu SM befrage, weisen sie diesen Bereich der Erotik oft ganz vehement von sich. »Nein, ich habe damit überhaupt nichts zu tun«, sagen sie dann und schütteln ganz empört den Kopf. Aber trotzdem ist es interessant, darüber nachzudenken, mit welchen Themen wir uns als Jugendliche auseinandergesetzt haben. Denn dabei tauchen dann vielleicht Themen wieder auf, die wir längst vergessen haben. Können Sie sich daran erinnern, welche Bücher oder Spiele für Sie als Kind oder Teenager besonders anregend waren? Neulich traf ich mich beispielsweise mit einer Freundin, die einen ganz soliden Beruf hat und immer ein wenig erstaunt ist, mit welchen seltsamen Sachen ich mich beschäftige.

»SM ist überhaupt nichts für mich«, erklärte sie mir, als ich ihr von einem erotischen Abenteuer in Berlin erzählte, bei dem ich eine sexy Krankenschwester gespielt hatte, die es liebt, ihre Patienten »krank« zu pflegen. Ein Erlebnis, das für alle Beteiligten übrigens sehr lustvoll war.

»Ich stehe nur auf Kuschelsex und auf zarte Berührungen«, erklärte sie mir mit einem energischen Kopfschütteln.

»Interessant, aber hast du mir nicht neulich mal erzählt, du wärst als Kind die Anführerin einer kleinen Dorfbande gewesen?«

Meine Freundin errötete etwas und ich glaube, sie bereute es bereits, dass sie mir bei einem Glas Glühwein gebeichtet hatte, dass sie früher eine echte Draufgängerin gewesen war.

»Ja, stimmt«, gab sie nun zu. »Ich habe immer gern Indianer gespielt. So ganz sanft ging es da nicht zu, das ist wohl wahr.«

Ich war neugierig und wollte von meiner Freundin wissen, wie ihre »Indianerspiele« denn im Einzelnen ausgesehen hatten.

»Meine kleine Bande war ziemlich stark und wir hatten öfters Gefangene gemacht. Die habe ich dann an einen Baum gefesselt, sodass sie sich nicht mehr rühren konnten. Das hat mir wirklich großen Spaß gemacht«, gab sie mit leuchtenden Augen zu. »Siehst du, du hast dich also bereits in jungen Jahren mit Bondage beschäftigt, der Kunst des Fesselns«, lachte ich.

Warum Frauen verrückt sind nach Mr. Grey

Als Erika Leonard (inzwischen bestens bekannt als E L James) ihren SM-Roman »50 Shades of Grey« bei einem kleinen australischen Verlag als E-Book veröffentlichte, hatte sie sicher keine Ahnung, dass ihr Buch bald auf der ganzen Welt die Bestsellerliste anführen und sie zur Millionärin machen würde. Der sensationelle Erfolg dieser Romantrilogie, die die romantische SM-Beziehung der jungfräulichen Studentin Anastasia mit dem Milliardär Christian Grey beschreibt, hat die Medien zu vielen Mutmaßungen angeregt. Was ist es, was Frauen sich von Männern wirklich wünschen?

Müssen sich alle Männer jetzt eine Peitschensammlung zulegen oder genügt ein Besuch in einem Tiergeschäft, um sich dort mit Hundehalsbändern, Leinen und Fressnäpfen einzudecken? Wenn ich mich in meinem Bekanntenkreis umhöre, dann erlebe ich eine große Verunsicherung der Männer, die gar nicht mehr so recht wissen, auf was Frauen denn nun tatsächlich stehen.

»Machos sind doch eigentlich out«, stellte mein Freund Christoph bei einer Latte macchiato ernüchtert fest. »Aber wenn man zu nett ist, dann ist es euch Frauen auch nicht recht. Für meine Freundin ist es ganz selbstverständlich, dass ich abends das Essen koche. Anfangs hat sie sich riesig darüber gefreut, aber inzwischen nörgelt sie dauernd rum und beschwert sich, dass in meinem Pesto zu viel Knoblauch sei, dass wir zu spät essen würden, dass ihr meine Pasta schwer im Magen liege … Was ihr am

Anfang noch Spaß gemacht hat, geht ihr auf einmal auf die Nerven. Dabei bemühe ich mich doch, sie zu verführen und ihr zu zeigen, wie sehr ich sie mag.«

Was Frauen sich von Männern wünschen ...

Vor einigen Jahren war es noch so, dass Männer zu mir zum Erotik-Coaching kamen, weil ihre Frauen keine Lust mehr auf Sex hatten. Aber inzwischen hat sich da einiges verändert: Jetzt erlebe ich immer häufiger, dass es die Frauen sind, die sich beschweren, dass ihr Freund seine Freizeit lieber vor dem Laptop verbringt, sich vielleicht sogar heimlich einen Porno ansieht und sich dabei selbst befriedigt, statt seine Partnerin sexuell zu beglücken. Frauen sind unzufriedener geworden mit dem anderen Geschlecht – aber die Männer sind auch nicht so gut auf uns zu sprechen.

Zwei meiner Freunde suchen beruflich die Pornos für eine Erotik-Plattform aus. Ein spannender Job! Die beiden sind also quasi »vom Fach« und kennen sich richtig gut aus im Erotikbereich und mit dem Sexleben der Deutschen.

»Ich finde, es geht immer mehr in die Richtung: oversexed and underfucked«, erzählte mir Thomas und starrte dabei nachdenklich in eine Whisky-Cola.

»Was meinst du damit?«, fragte ich interessiert nach.

»Ich glaube, dass die meisten Männer irgendwie ein wenig abgestumpft sind. Überall im Internet kannst du dir die geilsten Fotos und Filme ansehen und viele Männer konsumieren nur noch und fühlen sich den Anforderungen der Frauen nicht mehr gewachsen.«

»Ja, das stimmt«, pflichtete ihm sein Kumpel Harry bei. »Beziehungen sind einfach anstrengend geworden. Wir wollen euch glücklich machen und dabei wisst ihr selbst nicht so genau, was ihr wollt.«

Eigentlich ist es doch ganz »einfach«: Wir mögen keine Weicheier, sondern wir wünschen uns Persönlichkeiten, die zur richtigen Zeit ihren Mann stehen können – und dabei trotzdem einfühlsam sind. Wir möchten Männer, die verbindlich sind, die uns tiefe Gefühle schenken und mit denen es trotzdem niemals langweilig wird. Gerade in einer Zeit, in der alles unsicher scheint, in der wir uns Gedanken um unsere Zukunft machen müssen, das Geld auf der Bank nicht mehr sicher ist und unsere Umwelt in Gefahr, möchten wir uns wenigstens auf unseren Partner hundertprozentig verlassen können.

Wir wollen wissen, dass wir für ihn einzigartig sind und er keine andere möchte. Das ist vielleicht unrealistisch und wir drücken auch ein Auge zu, wenn er mal einer anderen nachschaut, aber so ganz toll finden wir das nicht. Bei aller sexueller Freiheit: wir wollen euch nicht im Facebook als Single wiederfinden oder, noch schlimmer, ein Profil von euch auf einer Dating-Website entdecken.

Wir wollen, dass ihr zu uns steht ... und wir wollen einfallsreichen und romantischen Sex. Nur jeden Tag ganz normalen »Blümchensex« – das finden wir langweilig. Wir wollen auch mal etwas härter rangenommen werden: Verbindet uns die Augen, raubt uns den Atem mit euren leidenschaftlichen Küssen und sagt uns, wo es langgeht. Eure Liebesbeweise dürfen durchaus auch mal etwas nachdrücklicher sein. Spielt mit euren Zähnen, lasst das Tier in euch ab und an mal heraus und weist uns ab und zu in unsere Schranken. Wir Frauen sind stark – und wir lieben es, wenn ihr uns zeigt, dass ihr manchmal noch stärker sein könnt. Zumindest beim Sex. Zeigt uns, dass ihr echte Männer seid, so wie Mr. Grey.

... und was sie selbst dafür tun können, dass Männer ihre Wünsche erfüllen

Gut, das ist wohl doch eine ganz schön lange Wunschliste ...
Vor allem aber funktioniert das alles natürlich nur, wenn wir
Frauen aufhören, gegen die Männer anzukämpfen und ihnen
ständig überlegen sein zu wollen. Im Job ist es ja in Ordnung,
wenn wir »unseren Mann« stehen und uns bis in die höchsten
Vorstandsebenen durchboxen. Aber wenn wir mit diesem Ehr-
geiz auch unser Liebesleben in Angriff nehmen, dann kann das
nur schiefgehen. Anstatt miteinander Spaß zu haben, erschöp-
fen wir unsere kostbare Energie in Grundsatzdiskussionen. Es
erscheint uns leider wichtiger, miteinander zu streiten – »Heute
bist du aber dran mit dem Müll!« – und schlechte Laune, die
sich im Job oder anderswo gebildet hat, am Partner auszulassen,
statt uns auf das Wesentliche zu konzentrieren. Wunderschöne
Augenblicke miteinander zu teilen, die uns ein Leben lang in
Erinnerung bleiben: das ist es doch, worauf es uns ankommen
sollte. Und dazu gehört natürlich auch aufregender Sex!

Wenn mir jemand erzählt, Sex sei ihm nicht wichtig, dann
glaube ich das einfach nicht. Meiner Meinung nach ist regel-
mäßiger und abwechslungsreicher Sex ein ganz entscheidender
Faktor für eine gut funktionierende Liebesbeziehung. Wenn es
in einer Partnerschaft kriselt, dann läuft es in den meisten Fällen auch in der Sexualität nicht mehr gut. Und umgekehrt ist
es so, dass eine intensive und leidenschaftliche Sexualität über
viele Alltagsprobleme hinweghelfen kann. Über den Körper können wir oft ehrlicher miteinander kommunizieren als über die
Sprache.

Die größte Herausforderung für das Prickeln in einer Beziehung ist oft der Alltag, denn immer mehr bestimmt er unser
Leben: Kinder, Karriere, Hausbau, Vorsorge fürs Alter ... Aber
wenn wir uns zu sehr vom Alltäglichen vereinnahmen lassen,

dann vergessen wir meiner Meinung nach etwas ganz Wichtiges – uns einfach am Leben zu erfreuen. Sexualität ist Ausdruck unserer Lebendigkeit und unserer Lebensenergie. Sicher können Sie sich noch gut daran erinnern, wie viel Energie Sie in der ersten Verliebtheit hatten. Jedes Alltagsproblem kam Ihnen völlig unbedeutend vor.

Irgendwann werden wir dann ein wenig bequem in unserer Partnerschaft und abends sitzt dann jeder vor seinem Laptop. Wir konsumieren lieber, als etwas zu erleben. Wir haben unsere spielerische Leichtigkeit verloren, mit der wir als Kind die Welt erkundet haben – und mit der wir einander erkundet haben, als wir noch frischverliebt waren.

Mr. Grey hat uns da etwas Entscheidendes voraus: Trotz der Verantwortung für sein milliardenschweres Imperium versteht er es meisterhaft, den alltäglichen Kleinkram zu delegieren und sich seinen erotischen Fantasien zu widmen. Natürlich hat nicht jeder das Geld für eine Haushaltshilfe, die den Alltag so perfekt vorbereitet, dass sich im Kühlschrank sogar hart gekochte Eier befinden, falls der Herr Lust verspürt, sich von seiner Sklavin eine spanische Tortilla zubereiten zu lassen. Aber wir alle können unseren Alltag ein wenig besser organisieren, damit wir Zeit und Muße haben für die schönste Sache der Welt: für fantasievollen Sex! Mr. Grey nimmt sich viel Zeit, um sich für Ana etwas Besonderes auszudenken und sie mit ungewöhnlichen Szenarien der Lust zu überraschen. Er ist bereit, sein erotisches Verlangen authentisch auszuleben.

Sexualität spielerisch ausleben

Wir leben in einer Gesellschaft, in der Intelligenz und beruflicher Erfolg als besonders erstrebenswert gelten. Wir haben vergessen, dass die kleinen Dinge im Leben oft viel nachhaltiger wirken. Wir nehmen uns nicht mehr genug Zeit, miteinander zu spielen – und nichts anderes ist letztendlich Sado-masochismus oder kurz: SM. Es ist ein erotisches Spiel, das im gegenseitigen Einvernehmen stattfindet und das uns auf eine aufregende Entdeckungsreise zu uns selbst führt. Zu unseren eigenen Grenzen, zu verborgenen Sehnsüchten und Fantasien. Diese intensive Form der Sexualität kann auch unsere Verletz-lichkeit und unsere Ängste zum Vorschein bringen. Aber selbst daran reifen wir – und auch unsere Partnerschaft kann sich weiterentwickeln.

Es geht darum, Sexualität wieder mit neuen Inhalten zu füllen und verschiedene Rollen auszuprobieren. Es geht um Dominanz und Hingabe, um Verkleidung, um Lustschmerz, um ein Spiel mit verschiedenen Sinnesreizen und um viele andere Liebesvari-anten. Wie langweilig ist es auf die Dauer, wenn der regelmäßige Sex nur darin besteht, bei dem anderen die hinlänglich bekann-ten Lustpunkte zu drücken und sich gegenseitig einen netten, aber letztendlich unspektakulären Höhepunkt zu verschaffen. Wenn ein Paar sich darauf einlässt, mit SM zu experimentieren, dann wird es viele neue Facetten der Erotik und der Sexualität kennenlernen. Manche Dinge mögen auf den ersten Blick viel-leicht befremdlich erscheinen. Beispielsweise wirkt es auf viele Menschen seltsam, dass man einen Menschen, den man liebt, schlagen kann. Andere Sachen, wie etwa ein Spiel mit verbun-denen Augen, findet man möglicherweise äußerst reizvoll und kann gar nicht genug davon bekommen. Jeder Mensch empfindet anders und mag unterschiedliche Reize und Herausforderungen. Aber eines ist sicher: wenn Sie sich neuen Wegen in der Erotik und der Sexualität öffnen, werden Sie als Paar wieder neugierig aufeinander werden. In Ihrer Beziehung wird es wieder knistern und Sie dürfen sich auf unvergessliche Erlebnisse freuen!

Auch Mr. Grey war offen für Veränderung. Als er Anastasia zum ersten Mal traf, hatte er die Erwartung, eine neue Liebessklavin in ihr gefunden zu haben. Dass daraus mehr werden würde, konnte er nicht ahnen. Er verliebte sich in sie und war sogar bereit, auf seine eigenen Fantasien und Wünsche zu verzichten, um sie glücklich zu machen. Er stellte sich auf ihre Unerfahrenheit ein und zunächst hatte er sogar »Vanilla-Sex« mit ihr – sprich: den »ganz normalen« Sex, ganz ohne SM-Elemente –, obwohl er sonst eine härtere Gangart bevorzugte. Für ihn war es ein großer Schritt, sich Ana zu öffnen, flexibel zu bleiben und immer wieder neu dazuzulernen, was seine Geliebte glücklich macht. Und diese Offenheit, diese ehrliche Auseinandersetzung mit sich und der Partnerin macht ihn so begehrenswert für uns Frauen.

Und ich glaube, ein bisschen Mr. Grey steckt in jedem Mann … wenn er neugierig bleibt und sich immer wieder auch mit ungewohnten Seiten der Sexualität auseinandersetzt.

Bin ich pervers?

Immer wieder erfahre ich von Klienten, die zu einem Erotik-Coaching kommen, dass sie sich nicht sicher sind, ob ihre Fantasien und sexuellen Vorlieben als pervers einzustufen sind. Wir alle haben Angst davor, von Normen abzuweichen – und gleichzeitig immer auch ein bisschen Sehnsucht danach.

Was aber bedeutet pervers eigentlich? Das Wort stammt vom italienischen Begriff »perversio« ab und das bedeutet so viel wie Verdrehung oder Umkehrung. In der Sexualität wird damit ein Verhalten bezeichnet, das sich von den gängigen Moralvorstellungen abhebt. Und genau an diesem Punkt beginnt es schwierig zu werden, Perversität zu definieren, denn die Moralvorstellungen sind in jeder geschichtlichen Epoche sehr verschieden. Auch in jedem Kulturkreis wird der Begriff der sexuellen Norm unterschiedlich definiert.

Ich habe einige Jahre in Kalifornien gelebt und als ich mit einer Freundin am Strand lag, nahm ich völlig ahnungslos mein Bikinioberteil ab, um oben herum nahtlos braun zu werden.

»Das kannst du hier nicht machen«, erklärte mir meine Freundin. »Wieso denn nicht?«, fragte ich erstaunt nach. Immerhin wurden in Los Angeles die schärfsten Pornos gedreht und auch die Swingerszene kommt ursprünglich aus der ganz normalen amerikanischen Mittelschicht.

»Weißt du, dass ich aus diesem Grund schon mal im Gefängnis gelandet bin?«, lachte meine Freundin.

»Das ist aber jetzt nicht wahr, oder? Du machst Scherze«, fragte ich erstaunt nach.

»Auf keinen Fall. Irgendein Polizist hatte mich beobachtet, wie ich mit nackten Brüsten am Strand lag, und dann musste ich mit aufs Revier.« In rasender Geschwindigkeit schnappte ich mir mein Bikinioberteil – so schnell hatte ich mich glaube ich noch nie angezogen.

Sexuelle Freiheit wird überall auf der Welt sehr unterschiedlich gesehen. In Ländern wie dem Jemen, dem Iran, in Pakistan und Saudi-Arabien steht beispielsweise auf Homosexualität immer noch die Todesstrafe, während sie bei den alten Griechen sogar gefördert wurde. Es war durchaus üblich für einen älteren Mann, sich sexuell mit einem jungen Mann zu vereinigen, um ihn dadurch zur Reife zu bringen und ihn in seine neue Rolle als Staatsbürger einzuführen. Aber auch in unserem Kulturkreis finden wir Einschränkungen: Wenn es nach der katholischen Kirche ginge, wären alle Menschen pervers, die Sex haben, ohne dabei ein Kind zeugen zu wollen. Der Begriff von Perversion ist also recht dehnbar und wird immer von den Menschen bestimmt, die in der jeweiligen Kultur das Sagen haben.

Doch selbst innerhalb ein und desselben Landes und desselben Kulturkreises unterscheiden sich die Vorstellungen darüber, was akzeptabel ist – und was pervers. Ich erlebe das immer wieder, wenn Menschen in meine Beratung kommen.

»Ich habe Angst, meinem Freund zu sagen, was ich wirklich von ihm im Bett möchte«, erzählte mir beispielsweise Mona, eine 34-jährige Frau, die in der IT-Branche tätig ist.

»Es ist doch toll, dass Sie sich Ihre Wünsche eingestehen können«, beruhigte ich sie. »Viele Frauen klagen über Langeweile im Bett und wenn ich dann nachfrage, was ihnen denn Spaß machen würde, fällt ihnen nichts ein.«

Mona lächelte erleichtert und schien sich zu entspannen.

»Na, was ist es denn, was Ihnen gefallen könnte?«, fragte ich nach. Mona druckste noch ein wenig herum, aber dann nahm sie allen Mut zusammen und begann zu reden. »Ich wünsche mir, dass mein Freund mich beim Sex mal etwas härter anfasst. Ich will, dass er meine Arme festhält und mich auf das Bett drückt, während er sich über mich beugt. Er darf sich auch ruhig auf meine Unterarme knien oder sich mit seinem ganzen Gewicht auf mich setzen. Ich möchte seine Stärke spüren und mich wehrlos fühlen.«

Für mich war das keine sehr abwegige Fantasie, aber Mona hatte offensichtlich ein riesiges Problem, zu ihren eigenen Bedürfnissen zu stehen. Aber nachdem sie einmal angefangen hatte zu reden, hörte sie auch so schnell nicht mehr auf. Es tat ihr offensichtlich gut, sich jemandem anvertrauen zu können, und wie recht oft bestand meine Aufgabe in erster Linie im Zuhören.

»Ich habe sogar noch ganz andere Fantasien«, fuhr sie fort. »Ich möchte von meinem Freund gefesselt werden. Ich will mich total hilflos fühlen. Ich habe da diese Fantasien in der Dusche. Ich möchte, dass er mir die Hände hinter dem Rücken zusammenbindet und dann den Wasserstrahl der Dusche zwischen meine Beine lenkt. Ich möchte, dass er mich dadurch zum Orgasmus bringt und ich ihm einfach nur völlig in meiner Lust ausgeliefert bin.«

Ich tröstete Mona, dass ich ihre Fantasie auf keinen Fall abwegig fände und dass ich Ähnliches auch schon von anderen Frauen gehört hätte. Spätestens nach dem Roman »Fifty Shades of Grey« scheinen sich viele Frauen einzugestehen, dass sie sich mehr geballte männliche Dominanz wünschen.

»Vielleicht fände Ihr Partner an diesen Fesselspielen sogar Gefallen, aber wenn Sie ihm das niemals mitteilen, werden Sie das natürlich auch nicht herausfinden«, erklärte ich ihr.

Männer sind meiner Erfahrung nach beim Sex oft ein wenig neugieriger als Frauen und durchaus auch bereit, sich auf Neues einzulassen, wenn sie ihre Partnerin damit glücklich machen können. Damit behalten sie dann immer noch die Kontrolle über die Sexualität, fühlen sich in ihrer männlichen Rolle bestätigt und es macht ihnen oft Freude, ihrer Partnerin Lust zu verschaffen. Viele Männer definieren sich als guter Liebhaber, wenn sie ihre Frau möglichst oft zum Orgasmus bringen können.

Manchmal löst dieses Bestreben sogar Stress in einer Beziehung aus – wenn nämlich die Frau ihren Höhepunkt nur vorspielt, um ihren Mann glücklich zu machen. Wie so oft ist es auch in dieser Situation dann lediglich der Mangel an Kommunikation, der es einem Paar schwer machen kann, miteinander mehr Spaß im Bett zu haben.

»Wieso reden Sie also nicht mit Ihrem Freund?«, schlug ich Mona vor.

»Ich habe Angst davor, dass er mich für pervers hält«, erwiderte sie errötend. »Wenn ich ihm einmal von meinen Fantasien erzählt habe, dann kann ich das niemals mehr ungeschehen machen – und wer weiß, was er dann von mir denkt.«

Ja, das stimmt. Wenn man ehrlich über sich und die eigenen Gefühle spricht, dann ist das auch immer mit einem Risiko verbunden. Der andere kann schockiert sein und sich zurückziehen, er kann uns lächerlich machen – oder uns im schlimmsten Fall sogar verlassen. Aber ich finde, Risiko gehört zum Leben einfach dazu und wer nichts wagt, wird immer ein Leben in der Mittelmäßigkeit führen. Das ist dann zwar vermeintlich sicherer, aber auf Dauer ziemlich langweilig.

Ein anderes Beispiel aus meiner Praxis. Einmal kam Max zu mir, ein lebenslustiger älterer Herr so um die 60, und bat mich, ihm bei der Suche nach der passenden Lebensgefährtin zu helfen. Im Laufe der Sitzung stellte sich heraus, dass er ganz spezielle sexuelle Vorlieben hatte. Er wünschte sich eine Partnerin, die er verehren konnte.

»Ich suche keine brutale Domina«, versicherte er mir, »sondern eine Frau, die Stil hat und sehr zärtlich mit mir umgeht. Trotzdem sollte sie mir sagen, was ich zu tun habe … und zwar am besten 24 Stunden am Tag.«

»Je genauer Sie wissen, was Sie sich von Ihrer zukünftigen Partnerin wünschen, desto besser ist das«, ermutigte ich ihn.

»Besonders fasziniert bin ich von zierlichen Füßen, die mit Nylonstrümpfen bekleidet sind. Es erregt mich sehr, diese Füße zu berühren, sie zu massieren, daran zu riechen und mir damit über das Gesicht zu reiben. Ich finde, die Füße einer Frau sind wunderschön, und ich möchte sie am liebsten den ganzen Tag verehren. Ich wäre auch schon glücklich, wenn ich neben meiner Geliebten auf dem Boden sitzen könnte, während sie ein Buch liest. So wie ein Haustier. Ich möchte ihr gefallen, für sie einkaufen gehen, ihre Besorgungen machen, für sie kochen und putzen. Sie einfach glücklich machen. Aber ich habe es bisher noch nicht geschafft, einer Frau wirklich zu erzählen, was ich mir wünsche.«

Jetzt verstummte Max und sah mich fragend an.

»Eigentlich müssten Sie der Traum aller Frauen sein«, versicherte ich ihm. »Die meisten Frauen suchen einen Partner, der sie verwöhnt und ihnen jeden Wunsch von den Augen abliest. Was hält Sie davon ab, über Ihre Vorlieben mit Frauen offen zu sprechen?«, fragte ich nach.

»Ich glaube, es ist die Angst, mich zu blamieren«, sagte Max nach einigem Zögern. »Ich habe mich mal einem Arbeitskollegen anvertraut, mit dem ich auch befreundet war. Der hat das dann der ganzen Belegschaft als Witz erzählt und alle haben mich ausgelacht.«

Ich konnte sehen, wie diese Demütigung ihn immer noch zutiefst verletzte.

»Haben Sie nicht eine gute Freundin, die Sie schon eine Weile kennen und die Ihnen gefällt und der Sie ein wenig von sich erzählen können?«, fragte ich nach. »Wenn man einen anderen Menschen liebt, dann steht zunächst der Mensch im Vordergrund und nicht seine sexuelle Vorliebe. Wenn Sie eine Frau suchen, dann würde ich erst mal sehen, dass eine tiefe Verbindung zwischen Ihnen entsteht, dann ist es leichter, einander etwas anzuvertrauen. Und je mehr Sie selbst das Gefühl haben, dass Ihre Sexualität wunderbar ist und Sie darauf stolz sein können, desto weniger werden Sie Gefahr laufen, von anderen Menschen respektlos behandelt zu werden. Die anderen sind oft der Spiegel unserer eigenen Ängste und Unsicherheiten. Je mehr wir zu uns stehen, desto überzeugender wirken wir. Statt sich von anderen wegen seiner speziellen Vorlieben erniedrigen zu lassen, könnte man mit seiner Offenheit dazu beitragen, dass auch andere Menschen mehr zu sich stehen.«

In meinem Erotik-Blog auf meiner Website schreibe ich teilweise über sehr bizarre und ungewöhnliche Sex-Experimente, aber dadurch, dass ich zu allem stehe, was ich erlebt habe, erfahre ich auch meist großen Respekt von meiner Umwelt. Vielleicht kann sich nicht jeder diese Erlebnisse für sich selbst vorstellen, aber trotzdem fühlen sich die meisten Menschen durch einen authentischen Bericht positiv inspiriert.

Es stellte sich heraus, dass Max in der Tat bereits ein Auge auf eine Frau aus dem Wanderklub geworfen hatte, und ich ermutigte ihn, beim nächsten Spaziergang ein Gespräch mit der Dame zu beginnen und vorsichtig zu erkunden, wie offen sie mit Sexualität umgehen kann.

Ich möchte Ihnen noch ein drittes Beispiel erzählen. Bei einem speziellen SM-Treffen mit Gleichgesinnten traf ich auf einen Mann, der sich in einem Bereich bewegte, der selbst in dieser recht toleranten Szene fast schon ein Tabu war. Es war ihm ein Anliegen, sich vor dieser Gruppe zu outen und von seinen sehr speziellen Vorlieben zu erzählen. Wir saßen alle im Kreis auf dem Boden und schauten Dieter neugierig an, als er verschämt zu Boden schaute und dann stockend zu sprechen begann. »Als ich ein kleiner Junge war, wurde ich immer dafür bestraft, wenn ich vergessen hatte, rechtzeitig aufs Töpfchen zu gehen. Wenn ich die Hosen voll hatte, dann wurde ich geschlagen. Als Kind war mir das zwar alles sehr unangenehm, aber irgendwie hat es mich wohl auch erregt, denn meine Faszination in Zusammenhang mit Exkrementen ist bis heute geblieben.«

Im Raum war es still und wir wagten kaum zu atmen. Welche Enthüllungen würden wohl als Nächstes kommen? Und wollten wir das wirklich wissen? Es verließ aber auch niemand den Raum, so fuhr Dieter fort. »Ich liebe es, wenn ich von einer Frau gewickelt werde und in einer Windel auf dem Boden spielen darf. Ich bekomme dann einen Brei zu essen, darf aber nicht sprechen, denn ich versetze mich in die Rolle eines Babys. Irgendwann muss ich natürlich auf die Toilette, aber es geht alles in die Windel. Ich bin jetzt ein böser kleiner Junge und möchte bestraft werden. Aber vorher will ich noch mit meinen Exkrementen spielen, ich liebe es, wenn ich die braune Masse in meinen Händen zerquetsche und wenn ich mich damit einreiben kann.«

Einige Leute aus der Gruppe rutschten unruhig auf ihren Stühlen hin und her. Ich konnte die Unsicherheit der anderen verstehen. Trotzdem ist mir dieses Erlebnis positiv in Erinnerung geblieben, denn ich fand es sehr mutig von ihm, dass er so offen über dieses heikle Thema gesprochen hatte. Anschließend sagte er uns auch, dass er sehr dankbar sei, dass wir ihm zugehört hätten, ohne ihn zu verurteilen.

Die Frage bleibt also für jeden von uns stehen: Wo liegt unsere Toleranzgrenze und wo beginnt die Perversion? Ich habe meine Grenze gefunden: Alles, was Lust bereitet, was alle Beteiligten freiwillig tun und was niemandem schadet, ist meiner Meinung nach normal. Das setzt voraus, dass die Beteiligten in der Lage sind, ihre Grenzen selbst zu definieren, sprich: erwachsene und geistig gesunde Menschen.

Fessel mich! Wie sage ich es meinem Partner?

Vielleicht haben Sie das Buch »Fifty Shades of Grey« verschlungen, hatten danach lustvolle Fantasien … doch an Ihrem Sexleben hat sich trotzdem nichts verändert? Vielleicht haben Sie viele Wünsche, aber nicht den Mut oder die richtige Gelegenheit gefunden, mit Ihrem Partner über Ihr sehnsüchtiges Verlangen zu sprechen?

Wenn man in einer langjährigen Beziehung steckt, gewöhnt man sich aneinander. Man weiß, was dem anderen beim Sex gefällt, und oft glaubt man auch zu wissen, was der andere nicht mag. Aber Wünsche und Bedürfnisse verändern sich im Laufe eines Lebens und was am Anfang einer Beziehung vielleicht ein absoluter Tabubruch gewesen wäre, etwa mit Lustschmerz zu experimentieren, ist später vielleicht ein großer Kick, der beiden Partnern gefallen könnte. Es ist verständlich, dass viele Menschen eine gewisse Scheu davor haben, ihrem Partner neue sexuelle Ideen und Vorschläge zu präsentieren: Gerade in der Sexualität sind wir sehr empfindlich und verletzbar und der Wunsch nach neuen Abenteuern kann vom anderen leicht als Kritik empfunden werden. Trotzdem lohnt sich Ehrlichkeit meiner Meinung nach immer und bereichert auf lange Sicht die Beziehung. Die Kunst besteht meiner Meinung nach darin, seinen Wunsch so gut zu verpacken, dass der andere sich nicht verletzt fühlt, sondern ebenfalls Lust bekommt auf neue Abenteuer. Zunächst aber ist es wichtig, den geeigneten Zeitpunkt für ein solches »Coming-out« zu finden.

Der richtige Moment

Auf keinen Fall würde ich ein sexuelles Thema ansprechen, wenn man gerade miteinander Sex gehabt hat. Dann ist der Partner viel zu offen und sensibel. Er wird sich deshalb schneller gekränkt fühlen als in einer Situation, in der er aus der Distanz heraus besser reagieren kann. Ich erinnere mich noch gut an die Zeit, in der ich mit einem Mann verheiratet war, den ich zwar bis heute von Herzen liebe, der aber nach einigen Jahren keine besondere Lust mehr auf Sex hatte. Er war sehr vergeistigt und viel mehr an stiller Meditation interessiert als daran, mich lautstark zu ficken. Ich bin zwar auch an Spiritualität interessiert, aber das schließt für mich die körperlichen Genüsse nicht aus und deshalb musste ich mit ihm reden und eine gute Lösung für uns finden. Das ist schwierig, denn es tut immer weh, wenn man dem Partner sagen muss, dass einem der Sex innerhalb der Beziehung nicht mehr ausreicht. Aber am einfachsten erschien es mir, das Gespräch auf einer Wanderung in die richtigen Bahnen zu lenken. »Ich liebe dich sehr«, begann ich unser Gespräch und passte dabei auf, dass ich beim Überqueren des kleinen Baches nicht auf den glitschigen Steinen ausrutschte und ins Wasser fiel.

»Oh, das freut mich«, erwiderte mein Mann. Aber an meiner Stimme hatte er wohl bereits erkannt, dass das erst der Anfang unseres Gesprächs war.

»Ich liebe dich sehr«, wiederholte ich noch einmal. »Ich finde es wunderschön, was wir alles zusammen machen, wenn wir zusammen wandern, so wie heute, wenn wir zusammen meditieren und Yoga machen und wenn wir einfach nur zusammen auf dem Balkon sitzen und lesen. Aber ich brauche einfach mehr Sex als du.«

Damit hatte ich die Katze aus dem Sack gelassen und wie mir schien, war er nicht erstaunt über mein Geständnis, sondern schien fast erleichtert darüber, dass ich etwas angeschnitten hatte, was die ganze Zeit schon in der Luft lag.

»Welche Lösung könntest du dir da vorstellen?«, fragte er nach. »Du weißt ja, dass ich aus unerfindlichen Gründen nicht mehr so viel Lust auf Sex habe, obwohl ich dich natürlich sehr liebe.«

Immerhin reagierte er nicht abweisend, und das machte mir Hoffnung. »Ich dachte mir, dass ich vielleicht noch ein paar andere Liebhaber haben könnte«, schlug ich vorsichtig vor. Jetzt wirkte er doch ein wenig schockiert, so deutliche Worte hatte er wahrscheinlich nicht von mir erwartet. Er verstummte zunächst, verdoppelte sein Tempo und eine Weile marschierten wir schweigend den Berg hinauf. Oben auf dem Gipfel machten wir Rast, verspeisten unsere Müsliriegel aus dem Bio-Laden und dann fing er von sich aus an zu sprechen. Natürlich war er nicht begeistert über meinen Vorschlag, aber da er mich sehr liebte und mich nicht verlieren wollte, war er bereit, sich mit dieser Idee auseinanderzusetzen. Das rechnete ich ihm hoch an und das hat unsere Liebe sehr vertieft.

Es gibt kein Patentrezept, wie man solch ein Gespräch beginnt. Wenn Sie den Wunsch haben, mehr SM in Ihre Beziehung zu bringen, könnten Sie Ihrem Partner beispielsweise dieses Buch zu lesen geben. Sie könnten mit Ihrem Partner zusammen ein SM-Heft ansehen, zum Beispiel »Schlagzeilen«, oder ihm eine erotische Geschichte vorlesen, die Sie sehr anregend finden, oder eine, die Sie sogar selbst geschrieben haben.

Es gibt aber auch Menschen, die gern direkt sind, so wie ich. Diese werden wahrscheinlich am besten damit fahren, wenn sie das Problem sehr liebevoll, aber deutlich ansprechen.

Ich würde meinen erotischen Wunsch auch immer in ein Kompliment verpacken. Anstatt zu sagen: »Schatz, ich bin mit unserem Sexleben unzufrieden«, könnten Sie sagen: »Schatz, es macht mir großen Spaß, mit dir zu schlafen, und weil ich so verrückt auf dich bin, würde ich gern noch andere neue Dinge mit dir ausprobieren.«

Versuchen Sie, dem Partner ein positives Gefühl zu vermitteln und sein Selbstbewusstsein aufzubauen. Wenn jemand das Gefühl hat, begehrt zu werden, dann freut er sich, wenn Sie ihm erklären, was Sie anmacht. Sie können niemanden dazu zwingen, die gleichen Dinge gut zu finden, aber wenn beim anderen schon einmal die Bereitschaft vorhanden ist, sich mit Neuem auseinanderzusetzen, dann ist schon mal eine wichtige Hürde genommen. SM besteht ja nicht nur aus harten Schlägen, sondern es gibt viele Facetten und irgendetwas wird bestimmt dabei sein, was Sie beide interessiert und womit Sie beginnen können. Dem Partner einfach nur mal die Augen zu verbinden, ist zum Beispiel schon eine sanfte Form von SM und kann zu neuen Erfahrungen führen. Nehmen Sie Ihrem Partner die Angst, dass er Dinge tun muss, die er nicht mag. Wenn Sie stärker an SM interessiert sind als Ihr Partner, dann haben Sie sich wahrscheinlich auch schon ein wenig darüber informiert, haben also einen Wissensvorsprung und sollten Ihren Partner einfühlsam zu neuen Schandtaten verführen. Vielleicht wäre es sogar gut, wenn Sie sanft, aber bestimmt den Ton angeben und ihm genau sagen, was Ihnen gefällt. Selbst wenn Sie eigentlich gern in der passiven Rolle sind, können Sie Ihren Partner behutsam anleiten und ihm erklären, was Sie mögen. SM muss nicht unbedingt hart und brutal sein – man kann auch auf die sanfte Tour seinen Willen durchsetzen.

Lasset die Spiele beginnen: Grenzenlose Lust nach Absprache

Wie schon gesagt: Ich finde beim Sex alles wunderbar, solange man sich mit der eigenen Sexualität gut fühlt, alle Beteiligten sich freiwillig dafür entschieden haben und dabei niemand zu Schaden kommt. In der SM-Szene wird das als safe, sane und consentual bezeichnet (SSC). Man sollte also gewährleisten, dass alle SM-Praktiken mit dem nötigen Schutz ausgeübt werden, also auch auf Safer Sex geachtet wird. Alle Beteiligten sollen volljährig sowie geistig und körperlich gesund sein.

Und es kann nicht oft genug wiederholt werden: Ganz wichtig ist der Punkt des gegenseitigen freiwilligen Einvernehmens. Zu jeder Zeit kann von allen Beteiligten das sexuelle Spiel abgebrochen werden, und dazu wird dann oft ein Safeword vereinbart. Aus diesem Grund distanziert sich die SM-Szene beispielsweise auch vom Marquis de Sade, denn wie bereits im vorigen Kapitel angedeutet, geht es in seinen Büchern um Missbrauch, bei dem die Persönlichkeitsrechte der Beteiligten missachtet wurden.

Ein absolutes Tabu besteht für Sex mit Tieren und natürlich auch für Sex mit Kindern. Das ist nicht nur pervers, sondern auch kriminell und strafbar.

Ein paar Worte zur Rollenverteilung

In dem Buch »Fifty Shades of Grey« sind die Rollen im sexuellen Spiel klar verteilt: Christian Grey ist der dominante Part der Beziehung. Das heißt nicht, dass Ana alles tut, was er möchte – teilweise ist sie ganz schön rebellisch und zickig. Ständig gehen E-Mails hin und her, in denen sie über ihre Ängste und ihre Grenzen in ihrer sexuellen Rolle als Sklavin spricht. In der dominanten Rolle zu sein, heißt also nicht unbedingt, dass man alles bestimmt und der andere folgt. Man muss miteinander kommunizieren, um herauszufinden, welche Grenzen der Partner hat und wie weit man gehen kann.

Der dominante Partner, Dom genannt, ist kein grausamer Sadist, sondern muss im Gegenteil viel Empathie und Einfühlungsvermögen besitzen, denn er trägt die Verantwortung für das erotische Spiel. Er muss dafür sorgen, dass es eine lustvolle Begegnung für alle Beteiligten wird. Ich habe die Erfahrung gemacht, dass sich viele Frauen im Bett einen dominanteren Mann wünschen, aber genauso reizvoll kann es natürlich sein, wenn die Rollen getauscht werden und sich die Männer in einer untergeordneten Spielsituation wiederfinden.

Für mich persönlich ist Abwechslung im sexuellen Spiel sehr wichtig, denn in jeder Rolle kann ich mehr über mich entdecken und die Grenzen meiner Lust erweitern. Ich kenne aber auch viele Paare, bei denen die Rollenverteilung festgelegt ist und die auch damit viel Spaß haben.

Wenn Sie es variabel mögen, sollten Sie vor jedem SM-Ritual herausfinden, wie die Rollenverteilung aussehen soll: Wer fühlt sich heute dominant? Wer möchte in der untergeordneten Rolle sein? Wenn Sie das nicht genau wissen, dann gibt es einen ganz einfachen Trick. Stehen Sie sich gegenüber und schauen Sie sich intensiv in die Augen. Irgendwann werden Sie genau spüren, wer sich in diesem Augenblick dominanter fühlt. Derjenige der spürt, dass er sich in diesem Moment lieber hingeben möchte, sollte das dann mit irgendeiner Geste zum Ausdruck bringen. Es reicht schon, die Augen zu senken, sich an den anderen anzulehnen oder auch die Position zu wechseln und sich zusammenzukauern.

Das heißt wie gesagt nicht, dass ab jetzt immer die gleiche Rollenverteilung gelten muss. Es sagt auch nichts über Ihre Beziehung im Alltag aus. Sondern es bedeutet nur, dass Sie in diesem Augenblick in diesem Machtverhältnis stehen und die sexuelle Energie in dieser Konstellation am besten fließen wird. Eine Stunde später kann das schon wieder ganz anders aussehen.

Sie können nun aus dieser Intensität, die sich ergeben hat, gleich in die Spielsituation gehen oder diese kleine Übung einfach dazu nutzen, um herauszufinden, wer in der dominanten und wer in der submissiven Rolle sein will. Wenn Sie beginnen, mit SM zu experimentieren, ist es sinnvoll, sich vor einer SM-Session besser kennenzulernen und herauszufinden, was den Partner besonders erregt. Und auch wenn man immer einfühlsamer wird, je länger man miteinander experimentiert, gibt es immer wieder auch Situationen, in denen der dominante Part einen Fehler macht und dabei vielleicht die Grenzen des Spielpartners überschreitet. Deshalb ist es für den Sub sehr wichtig, auf sich zu achten und das Spiel gegebenenfalls mit dem Safeword abzubrechen.

Mr. Grey hat deshalb für Ana eine Art »Sklavenvertrag« entwickelt, um ihre Vorlieben, aber auch ihre Tabugrenzen zu erfahren. Solch ein Vertrag hat natürlich keine Rechtsgültigkeit und jeder ist zu jedem Zeitpunkt letztendlich für sich selbst verantwortlich. Ich finde ihn jedoch sehr sinnvoll – gerade wenn man beginnt, mit SM zu experimentieren. Im Folgenden möchte ich Ihnen deshalb einige Anregungen in Form eines Fragebogens geben, über welche Möglichkeiten der extremeren Lust Sie verhandeln können. Lassen Sie den Fragebogen von demjenigen ausfüllen, der die submissive Rolle spielen möchte, und Sie werden erstaunt sein, welche neuen Vorlieben Sie an Ihrem Partner entdecken werden.

Der Einfachheit halber wird der dominante Partner Dom genannt und der submissive Partner Sub. Beide Rollen können von Mann oder Frau eingenommen werden. Dieser Fragebogen hilft Dom, Sub besser kennenzulernen, und gibt Anregungen, mit welchen Elementen man in einer SM-Session überhaupt spielen kann. Kopieren Sie sich den Fragebogen heraus und dann können Sie ihn immer wieder verwenden, denn Ihre Neigungen werden sich wahrscheinlich ständig verändern, je nach Stimmung oder auch Erfahrung. Die verschiedenen Spielarten der Lust werden im Buch ausführlich beschrieben. Der Fragebogen dient Dom als Hinweis und Auswahlmöglichkeit für das erotische Spiel, aber er ist nicht als Wunschzettel zu verstehen, etwa so, dass alle genannten Vorlieben während eines Spiels erfüllt werden müssen. Derjenige, der die dominante Rolle hat, ist für das spezielle Spiel der »Bestimmer«, und der andere hat sich – innerhalb der vereinbarten Grenzen – zu fügen. Beim nächsten Spiel können die Rollen dann vertauscht werden.

SM-Fragebogen (vom Sub auszufüllen)

1a Es macht mir Freude, verschiedene Aufgaben für meinen Dom zu erledigen, zum Beispiel ihn zu bedienen, zu massieren, einen Striptease für ihn zu machen oder andere Tätigkeiten auszuführen, die er sich für mich ausdenkt.

ja ❑   nein ❑   vielleicht ❑

1b Mein Dom soll dabei ganz streng und distanziert sein.

ja ❑   nein ❑   vielleicht ❑

1c Mein Dom darf ruhig Humor haben und manchmal auch liebevolle Güte zeigen.

ja ❑   nein ❑   vielleicht ❑

2a Ich mag es, wenn ich Fetisch-Kleidung wie Lack, Leder oder Latex tragen muss.

ja ❑   nein ❑   vielleicht ❑

2b Diese Möglichkeiten der Verkleidung gefallen mir besser:

_____

_____

_____

3a Ich liebe kreative Rollenspiele, die mein Dom sich für mich ausdenkt. Ich könnte zum Beispiel eine Zofe sein, die ihren Herrn bedient – oder eine Sklavin, die für besondere Zwecke eingekauft wurde und ihrem Herrn sexuell zur Verfügung steht.

ja ❑   nein ❑   vielleicht ❑

3 b Ich mag fantasievolle Spiele, bei denen ich erzogen werde, wie Lehrer und Schulmädchen. Ich genieße dabei auch die Vorstellung, dass zwischen uns ein großer Altersunterschied besteht.

ja ☐   nein ☐   vielleicht ☐

3 c Mich erregt die Vorstellung von Doktorspielen, bei denen ich untersucht werde.

ja ☐   nein ☐   vielleicht ☐

3 d Ich finde die Vorstellung aufregend, gefangen zu sein, verhört zu werden und vielleicht auch eingesperrt zu sein.

ja ☐   nein ☐   vielleicht ☐

3 e Ich stelle gern ein Tier dar, beispielsweise eine Katze, einen Hund oder ein Pony. Ich genieße es, wenn ich dabei nicht sprechen muss, sondern mich als Tier ausdrücken und alle Verantwortung abgeben darf.

ja ☐   nein ☐   vielleicht ☐

3 e Ich habe Lust auf folgende Rollenspiele, und die möchte ich meinem Dom gerne als Anregung beschreiben.

_____

_____

_____

_____

_____

4 Ich finde es spannend, wenn ich in eine Rolle des anderen Geschlechts schlüpfen darf und auch entsprechend verkleidet bin.

ja ❑   nein ❑   vielleicht ❑

5 Ich mag es, wenn ich durch Sprache gedemütigt oder auch erregt werde, also Dirty Talk oder auch Beschimpfungen.

ja ❑   nein ❑   vielleicht ❑

6 Ich bin gern rebellisch und liebe es, meinem Dom Widerstand entgegenzusetzen.

ja ❑   nein ❑   vielleicht ❑

7 An folgenden Körperstellen werde ich gern sanft berührt – das erregt mich in besonderer Weise.

_____

_____

_____

8 Ich liebe diese Körperteile an meinem Dom ganz besonders und möchte sie gern berühren dürfen.

_____

_____

_____

9 Ich mag es, mit Lustschmerz zu experimentieren.

ja ❑   nein ❑   vielleicht ❑

10 Meine Schmerzempfindlichkeit würde ich auf einer Skala von 1 (geringe Schmerzempfindlichkeit) bis 10 (hohe Schmerzempfindlichkeit) folgendermaßen beschreiben:

1 ☐ 2 ☐ 3 ☐ 4 ☐ 5 ☐ 6 ☐ 7 ☐ 8 ☐ 9 ☐ 10 ☐

11 Ich werde gern lustvoll bestraft, wenn es die Rolle erfordert.

ja ☐   nein ☐   vielleicht ☐

12 Ich liebe Lustschmerz an folgenden Körperteilen

Po   ja ☐   nein ☐   vielleicht ☐

Füße   ja ☐   nein ☐   vielleicht ☐

Hände   ja ☐   nein ☐   vielleicht ☐

Rücken   ja ☐   nein ☐   vielleicht ☐

Brüste   ja ☐   nein ☐   vielleicht ☐

Genitalien   ja ☐   nein ☐   vielleicht ☐

Diese Körperteile sind bei der Bestrafung tabu:

_____

_____

_____

13 Ich liebe den Lustschmerz und möchte ihn mit verschiedenen Instrumenten der Lust ausprobieren:

Weiche Peitsche   ja ☐   nein ☐   vielleicht ☐

Harte Peitsche   ja ☐   nein ☐   vielleicht ☐

Reitgerte	ja ☐	nein ☐	vielleicht ☐
Paddel	ja ☐	nein ☐	vielleicht ☐
Kerzenwachs	ja ☐	nein ☐	vielleicht ☐
Kälteschock durch Eis	ja ☐	nein ☐	vielleicht ☐
Nadeln	ja ☐	nein ☐	vielleicht ☐
Wartenbergrad (Nadelrad, ursprünglich aus dem medizinischen Bereich)	ja ☐	nein ☐	vielleicht ☐
Klammern	ja ☐	nein ☐	vielleicht ☐

14 Ich möchte gern in der passiven Rolle extremere Sinnesreize empfangen, wie beispielsweise:

Kitzeln	ja ☐	nein ☐	vielleicht ☐
Mit den Händen geschlagen werden	ja ☐	nein ☐	vielleicht ☐
Beißen	ja ☐	nein ☐	vielleicht ☐
Kratzen	ja ☐	nein ☐	vielleicht ☐

15 Ich mag es, wenn mir die Augen verbunden sind, weil ich mich dadurch noch hilfloser fühle und mich anvertrauen kann.

ja ☐   nein ☐   vielleicht ☐

16 Die Vorstellung gefesselt zu werden reizt mich sehr. Ich liebe es, wenn dadurch meine Bewegungsfähigkeit eingeschränkt ist, weil ich mich dadurch noch besser hingeben kann.

ja ☐   nein ☐   vielleicht ☐

17 Ich mag auch zärtliche Berührungen wie beispielsweise:

Küssen	ja ☐	nein ☐	vielleicht ☐
Streicheln	ja ☐	nein ☐	vielleicht ☐
Umarmungen	ja ☐	nein ☐	vielleicht ☐
Massiert zu werden	ja ☐	nein ☐	vielleicht ☐

18 Wenn es bei unserem Spiel sexuell wird, dann finde ich Folgendes besonders aufregend:

An den Brustwarzen berührt werden	ja ☐	nein ☐	vielleicht ☐
Wenn ich oral verwöhnen darf	ja ☐	nein ☐	vielleicht ☐
Wenn ich oral verwöhnt werde	ja ☐	nein ☐	vielleicht ☐
Wenn ich penetriert werde	ja ☐	nein ☐	vielleicht ☐
Wenn ich penetrieren darf	ja ☐	nein ☐	vielleicht ☐
Analspiele	ja ☐	nein ☐	vielleicht ☐
Sex-Toys	ja ☐	nein ☐	vielleicht ☐

Folgende Sex-Toys machen mich besonders an:

_____

_____

_____

19 Ich mag es auch, wenn andere Menschen bei unserem Spiel beteiligt sind, etwa in einem Fetisch-Club.

ja ☐   nein ☐   vielleicht ☐

20 Ich liebe es, vorgeführt zu werden, sodass andere bei unserem Spiel zwar zusehen können, aber nicht aktiv eingreifen dürfen.

ja ☐   nein ☐   vielleicht ☐

21 Es ist für mich in Ordnung, wenn mein Dom auch andere Doms in unser Spiel mit einbezieht, die mich bestrafen dürfen.

ja ☐   nein ☐   vielleicht ☐

22 Ich mag es, wenn ich von anderen Personen während einer SM-Session sexuell berührt und verführt werde.

ja ☐   nein ☐   vielleicht ☐

23 Ich habe nichts dagegen, wenn mein Dom noch andere Subs in unser Spiel mit einbezieht und mit ihnen Sex hat.

ja ☐   nein ☐   vielleicht ☐

24 Da das Thema Sex mit anderen Personen für mich heikel ist, würde ich es gern ein wenig genauer beschreiben und auch meine Grenzen dabei aufzeigen:

_____

_____

_____

_____

_____

_____

_____

_____

25 Was mir außerdem bei unserem SM-Spiel noch wichtig ist, möchte ich hier mitteilen:

_____

_____

_____

_____

_____

_____

26 Wenn ich das Gefühl habe, dass meine persönlichen Grenzen überschritten sind, muss unser erotisches Spiel sofort abgebrochen werden, ohne dass ich mich dafür schuldig fühlen muss. Mein persönliches Safeword lautet:

_____

Befreite Lust

Befreite Lust:
Praktische Anregungen
für kreative Sinnlichkeit

Es kann so interessant und erregend sein, über Spielarten der Erotik und der Sexualität zu hören oder zu lesen, die einem völlig unbekannt sind! Doch wenn man Lust bekommt, einige davon auch selbst zu erleben, ist das unter Umständen gar nicht so einfach: Wie fängt man es an? Und wie wird der Partner auf die Idee überhaupt reagieren? Was darf man, was nicht? Antworten, Ideen und Anregungen finden Sie auf den folgenden Seiten.

SM in der Beziehung –
wie bereiten wir uns vor?

Wenn Sie und Ihr Partner eine SM-Session spielen oder sich auf eine SM-Erfahrung einlassen, dann ist es ganz wichtig zu verstehen, dass es sich um eine erotische Parallelwelt handelt, die nicht mit der normalen Alltagsrealität zu verwechseln ist. Beiderseitige Freiwilligkeit ist ein ganz entscheidender Punkt, wenn man SM praktiziert! Es geht wie gesagt nicht darum, seine sadistischen Züge an einem anderen Menschen auszuleben, der das nicht möchte. Das wäre eine kriminelle Handlung und hat mit SM, so wie es die Szene versteht, nichts zu tun.

Leider kommt es im ganz realen Leben viel häufiger zu gewalttätigen Übergriffen in Beziehungen, als wir wahrhaben wollen. Gewalt in der Ehe ist ein Tabuthema, das in allen sozialen Schichten stattfindet. Gerade in den sogenannten besseren Gesellschaftsschichten wird darüber geschwiegen und vieles vertuscht, denn die Scham, sich als Schläger oder auch als Geschlagene zu erkennen zu geben, ist groß.

Viele Menschen meinen, dass es pervers wäre, in die Sexualität Schläge und körperliche Züchtigungen einzubauen. Pervers finde ich es, wenn Gewalt in einem nicht einvernehmlichen Kontext stattfindet – oder wenn sich Menschen unbewusst mit Machtspielen in einer Beziehung das Leben schwer machen. Was ich so großartig finde in der Beschäftigung mit SM, ist die Tatsache, dass wir durch eine sehr bewusste Auseinandersetzung mit den dunklen Aspekten unserer Seele diese Machtspiele in einem sicheren Rahmen ausprobieren können. Wenn wir die Rollen von Opfer und Täter aus den verschiedensten Blickwinkeln heraus beleuchtet und durchlebt haben, dann besteht die Chance, dass wir anschließend diese meist unbewussten Machtspiele in unseren Beziehungen nicht mehr nötig haben. Und das bedeutet letztendlich, dass wir mit unserem Partner glücklicher leben können. Deshalb ist es beim Aufbau einer SM-Session wie gesagt ganz wichtig, dass Sie sehr bewusst in eine Parallelwelt einsteigen, die Ihnen neue Erfahrungsmöglichkeiten bietet, in der Sie Ihre Lust ausleben können, die Sie aber unter Umständen auch sehr emotional berühren kann. Sie sollten sich immer im Klaren darüber sein, wann Sie beide in Ihren Rollen sind – und wann Sie wieder als ganz reale Partner miteinander kommunizieren.

Ich würde deshalb vorschlagen, dass Sie sich vor jedem SM-Spiel ganz bewusst als gleichwertige Partner gegenübersetzen und miteinander besprechen, wie die Rollenverteilung diesmal aussehen soll, was Sie anziehen wollen und wie die Spielsituation aussehen soll. Es bietet sich auch an, den SM-Fragebogen für den Sub (siehe ab Seite 44) gemeinsam auszufüllen. Sie werden erstaunt sein, dass selbst ein vertrauter Partner, den Sie gut zu kennen glauben, verborgene Seiten in sich tragen kann, die Ihnen bisher nicht bekannt waren.

Mr. Grey ist uns Frauen unter anderem deshalb so sympathisch, weil er sich immer wieder auf neue Gespräche mit Ana einlässt und ihr niemals das Gefühl gibt, dass sie etwas Dummes gesagt hat. Er erkennt, dass er das Herz seiner Geliebten nur erobern kann, wenn er ihr zuhört und bereit ist, ihre Welt zu verstehen. Gerade für denjenigen, der den dominanten Part übernimmt, ist es sehr wichtig, die Psyche seines Subs zu verstehen. Es hilft ihm, Spielsituationen besser einschätzen zu können, er kann dann Gefahren und Probleme in einer Session leichter erkennen und er wird dann auch ein gutes Gespür dafür entwickeln, wie beide Spieler auf ihre Kosten kommen und aus dem SM-Spiel ein lustvoller Austausch wird.

Kommunikation als Schlüssel zu einem erfüllten Sexleben

Ich erlebe in meiner Praxis immer wieder, wie schwer es vielen Menschen in Beziehungen fällt, miteinander zu reden und einander ehrlich zu sagen, wie sie sich fühlen. Dabei ist das die Basis für echte Intimität. Aus meinem Bekanntenkreis kenne ich viele SM-Beziehungen und wenn ich sie mit anderen Paaren vergleiche, die »ganz normalen« Sex haben, dann fällt mir oft auf, dass sich SM-Paare oft viel besser verstehen. Ich glaube, das liegt daran, dass sie viel mehr miteinander über Sexualität kommunizieren als andere Menschen. Wenn man extremere Erotik lebt, dann muss man zwangsläufig mehr miteinander reden, man muss Grenzen austesten, Spielszenarien zusammen entwickeln und sich auch gegenseitig Feedback geben. Es ist eine viel bewusstere Art, mit Sexualität umzugehen, als es für die meisten Paare sonst üblich ist. Beim »normalen« Sex schleicht sich oft Routine ein: kurzes Vorspiel, Vögeln auf die altbewährte Art und Weise und danach schlafft der Mann meist ab. Bitte nicht falsch verstehen: Ich liebe auch diese Art von gemütlichem sinnlich-leidenschaftlichen Sex. Aber wenn man SM praktiziert, dann gibt es weniger Routine, man muss kreativer sein, sich immer wieder was Neues einfallen lassen, und das hilft letztendlich, die Beziehung zu stärken. Viele Menschen glauben, dass SM eine Beziehung auf eine niedere Ebene bringt. Meiner Meinung nach ist das Gegenteil der Fall: Die Liebe wächst, wenn Paare miteinander kreativ bleiben und immer wieder neuen und ungewohnten Situationen ausgesetzt werden.

Ganz wichtig ist also das Gespräch vor einer SM-Sitzung. Sie können dabei gemeinsam die Spielsituation besprechen oder es bleibt dem Dom überlassen, sich etwas auszudenken. Bevor Sie dann mit dem Spielen loslegen, sollten Sie zumindest am Anfang, wenn Sie noch ein wenig unsicher sind, einen festen Zeitrahmen ausmachen, in dem Sie spielen wollen. Eine Stunde hört sich vielleicht lang an, kann aber in Windeseile verstreichen, wenn Sie von Ihrem erotischen Spiel gefesselt sind. Ein zeitlich begrenzter Rahmen wird Ihnen das Spiel am Anfang erleichtern. Als Dom weiß man dann, dass man nicht ewig durchhalten muss, denn wenn ein Spiel zu lange dauert, dann ermüdet es auch. Einige Menschen wollen SM als Beziehungsmodell praktizieren – das bedeutet, dass es keine Trennung mehr von realem Leben und erotischer Parallelwelt gibt und die Rollen immer eingehalten werden müssen. Ich persönlich halte das für gefährlich, denn man sollte niemals einem Menschen die Verantwortung für sein Leben abnehmen. Wenn solch eine Beziehung dann auseinandergeht, dann ist der Sub oft völlig verzweifelt und kommt allein nicht mehr zurecht. Als Spiel finde ich SM sehr anregend, wenn es zu einer unreflektierten Lebensphilosophie wird, halte ich es für gefährlich! Das heißt natürlich nicht, dass es nicht auch Paare gibt, die sehr bewusst ein permanentes Machtgefälle ausleben. Man fasst das unter dem Begriff TPE zusammen (Total Power Exchange). Meist wird dieser Begriff mit 24/7 gleichgesetzt. Der Schlüssel liegt in der eigenen Bewusstheit und Freiwilligkeit, in der wir unser Leben und unsere Sexualität leben. Je extremer man Sexualität lebt, desto bewusster und vor allem auch verantwortungsbewusster sollte man damit umgehen.

Die Session vorbereiten

Vor einer SM-Session sollten Sie unbedingt daran denken, Ihre Handys auszustellen, denn es macht sich nicht gut, wenn Ihr Dom gerade mit der Reitgerte zwischen Ihren Beinen fühlt, ob Sie schon nass sind, und dabei ertönt dann irgendeine alberne Handymusik. Überhaupt ist das Thema Musik für eine SM-Sitzung sehr wichtig. Suchen Sie bereits vorher aus, was zu Ihrer Stimmung und zu Ihrer Spielidee passt. Wenn Sie eine Maskennacht mit geheimnisvoller Stimmung planen, dann wäre fetzige Salsa-Musik sicher nicht ganz passend. Dazu würde ich wohl eher dunkle Gothic-Musik wählen. Wenn es sich um eine Bestrafungsszene handelt, wird gern der »Bolero« von Maurice Ravel genommen. Die ansteigende Intensität in der Musik hilft dabei, eine Flagellationsszene gut aufzubauen.

Kinder haben selbstverständlich bei einer SM-Session nichts zu suchen. Sie sind während dieser Zeit bei Oma und Opa besser aufgehoben. Als Elternpaar sollte man auch darauf achten, dass alle Sexspielzeuge kindersicher verschlossen sind. Sie meinen, das sei selbstverständlich? Leider nicht immer. Eine meiner Freundinnen fand als Kind im Schrank ihrer Eltern diverse SM-Toys und überraschte später auch irgendwann einmal die Eltern in einer Spielsituation. Da sie damals noch recht klein war, ich glaube, erst sechs Jahre alt, war sie total verwirrt und glaubte, der Papa tue der Mama etwas Schlimmes an. Da sie sich damals auch niemandem anvertrauen konnte, schleppte sie diese unverarbeiteten Geschichten jahrzehntelang mit sich herum. Erst vor einigen Jahren machte sie eine Therapie und hat nun den nötigen Abstand zu ihrer Kindheit. Ich denke schon, dass man Kindern auch erklären kann, dass Mama und Papa spielen, aber das muss dann in einem sehr bewussten Rahmen geschehen und es darf nicht der Eindruck entstehen, dass es sich um etwas Verbotenes handelt. Wie offen man als Paar mit seiner Sexualität vor den eigenen Kindern umgeht, muss jeder für sich entscheiden. Entweder man trennt diesen Bereich konsequent oder man spricht sehr offen und verständlich über die Dinge, die praktiziert werden.

Der Start ins Spiel – Dom gibt das Tempo vor ...

Und dann kann das Spiel beginnen. Fangen Sie langsam an, beginnen Sie als Dom mit kleinen Aufgaben – und bleiben Sie aufmerksam. Wie schnell und gut werden die Aufgaben von Ihrem Sub erledigt? Wie ist die Stimmung? Im Laufe der Sitzung sollten Sie den Anspruch steigern. Eine Bestrafungsszene beginnt mit dem ersten Herantasten der Peitsche oder einem anderen Schlaginstrument. Immer wieder Pausen zum Nachspüren einlegen, dann werden Sinnesreize intensiver aufgenommen, als wenn eine ständige Reizüberflutung stattfindet. Dann etwas kräftiger schlagen und vielleicht weitere Schläge auch schneller folgen lassen. Es kann natürlich zwischen der Bestrafung oder anderen Spielsituationen auch zu sexueller Erregung und zum Geschlechtsverkehr kommen. Ein geschickter Dom versteht es meisterhaft, das Verlangen seiner Partnerin zu entfachen, sodass sie schon beim Gedanken an Sex einen Höhepunkt erreicht. Den Partner kurz vor dem Orgasmus ein wenig zappeln zu lassen, ist hierfür eine sehr wirkungsvolle Methode.

... und findet auch einen gelungenen Abschluss

Irgendwann werden Sie spüren, dass die Energie nachlässt, dass Sie oder Ihr Sub erschöpft sind. Dann sollten Sie Ihr SM-Spiel beenden und für einen guten Abschluss sorgen. Brechen Sie niemals eine Sitzung einfach ab, um dann abrupt zur Tagesordnung überzugehen und sich vielleicht vor den Fernseher zu setzen nach dem Motto: Schatz, wir müssen Schluss machen, gleich gibt's den »Tatort«.

Das geht gar nicht. In einer SM-Sitzung können viele Emotionen ausgelöst werden, und deshalb ist es schön, sich abschließend zum Beispiel noch einmal zu umarmen. Für einen sanften Übergang ins Alltagsleben trägt der Dom die Verantwortung. Nehmen Sie den Sub in den Arm, streicheln Sie ihn ein wenig oder halten Sie ihn einfach nur eine Weile fest. Es ist wichtig, eine SM-Spielsituation gut zum Abschluss zu bringen und aus der Spielsituation auszusteigen und wieder in den Alltag zurückzukehren. Es kann ja sein, dass Sie Ihren Partner erniedrigt, beschimpft oder geschlagen haben während einer Session und die dabei ausgelösten Gefühle sollten nicht persönlich genommen werden und haben im normalen Beziehungsalltag nichts zu suchen. Anschließend empfiehlt es sich, über das Erlebte zu sprechen und einander Feedback zu geben: Was hat mir gut gefallen? Was war schwierig? Was könnten wir das nächste Mal verbessern? Auch wenn es am Anfang vielleicht ein wenig ungewohnt ist, über Sex so offen zu reden, wird es die Intimität Ihrer Beziehung vertiefen. Und die Vorfreude auf das nächste Mal steigt!

Lustschmerz: Wieso es Spaß machen kann, anderen wehzutun

Ja, ich gebe es zu: Es macht mir große Freude, anderen Menschen Schmerzen zuzufügen! Natürlich nur, wenn es denen auch Spaß macht.

»Wie kann ich jemanden schlagen, den ich liebe?«, entrüstete sich mein Freund empört, als ich ihn zum ersten Mal mit diesem Thema konfrontierte. Wir hatten uns über ein Tantra-Forum kennengelernt und selbst beim spirituellen Sex darf es ab und zu mal etwas härter zugehen.

»Hast du das Kamasutra denn nicht gelesen?«, flüsterte ich ihm ins Ohr, während meine Fingernägel sanft, aber dennoch spürbar über seinen Rücken glitten. »Da gibt es sogar ein ganzes Kapitel zum Thema Kratzen, Beißen und Schlagen.«

»Echt? Muss ich glatt überlesen haben.«

Mein Freund hatte die Augen geschlossen und konzentrierte sich auf den ungewohnten Sinnesreiz meiner Krallen. Sein Atem wurde gleichmäßiger.

»Prima, er entspannt sich«, dachte ich, und da in mir durchaus auch eine wilde Raubkatze steckt, drückte ich meine Nägel jetzt ein wenig fester in sein williges Fleisch.

»Autsch, jetzt tust du mir aber weh«, schmollte mein Liebster. Aber ich hörte aus seiner Beschwerde auch heraus, dass ihm das durchaus nicht unangenehm war. Mein Freund ist muskulös und verträgt einiges, also packte ich ihn noch ein wenig härter an.

Letztendlich sind Sinnesreize an sich erst einmal weder gut noch schlecht. Sie bieten uns einfach Möglichkeiten, mit unserem Körper zu spielen und ihn auf sehr unterschiedliche Art und Weise zu stimulieren. Meine Fingernägel glitten also über seinen Bizeps und es erregte mich, weil ich spürte, wie ihn meine fordernden Berührungen anmachten. Meine Hände verselbstständigten sich und meine Bewegungen wurden immer schneller. Ich krallte mich an seiner Schulter fest, zog an den Muskeln seiner Oberarme, kratzte über seinen Bauch und seine Beine. Es war, als ob die Intensität seines Schmerzes und die daraus entstehenden Gefühle sich auf mich übertrugen. Ich saugte seine Lust ebenso auf wie seinen Schmerz. Und wie eine sinnliche Welle griff seine Erregung auf mich über. Jetzt hatte ich den Impuls, ihn zu beißen. Wie ein wildes Tier schlug ich meine Zähne in seinen Nacken. »Aufpassen Christine, du hast zwei überkronte Schneidezähne«, fiel mir zum Glück noch ein, und dieser Gedanke half mir, meine Gier ein wenig zu zügeln. Ich war nicht mehr Christine, eine sinnliche und liebe Frau, sondern wurde zu einem archaischen Wesen. Zu einer grausamen Göttin, die durch Blutopfer ihre Anhänger in göttliche Ekstase versetzte. Wie im Rausch machte ich mich über meinen Freund her.

»Gefällt dir das?«, flüsterte ich zwischendurch in sein Ohr und biss dann kräftig in seinen muskulösen Rücken.

»Ja, mehr …«, war alles, was er rausbrachte. »Beiß mich noch ein wenig weiter links … ja, da. Das ist fast wie ein Orgasmus«, keuchte er.

»Du sollst noch mehr Lust spüren, mein Schatz.«

Um ihn immer wieder zu beruhigen, strich ich zwischendurch mit zarten Fingerspitzen über seinen Rücken und dann drehte ich ihn um, sodass er auf dem Rücken lag. Ich begann an seinem Schwanz zu saugen, bis er immer härter wurde. Vorsichtig glitt ich mit meinen Zähnen über seinen Schaft und biss sanft zu. Es war kein heftiger Schmerz, aber mich erregte die Vorstellung, dass ich fester zubeißen könnte – dass ich die Kontrolle hatte. Lustvoll stöhnte mein Freund auf. Ich begann seine Brust zu malträtieren und wie in Trance fügte ich ihm immer härtere und zwischendurch auch wieder leichtere Schmerzen zu. Und streichelte zärtlich über seine wunde Haut.

Irgendwann verschwinden die Grenzen zwischen Lust und Schmerz und man fühlt nur noch Intensität und elektrisierende Spannung. Ich erreiche dann einen Zustand, in dem es keine Trennung mehr zwischen demjenigen gibt, der diese starken Reize ausübt, und demjenigen, der sie empfängt. Dann existiert nur noch ein Strom von lustvoller Lebendigkeit. Alles fühlt sich an, als sei es miteinander verbunden. In dieser intensiven Situation fühle ich mich meinem Partner ganz nah, spüre jedes Zittern seiner Gliedmaßen, jeden seufzenden Atemzug und genieße sein lustvolles Stöhnen. Ich bin ein Kontrollfreak und ich genieße es, Herrin seiner Lust zu sein. Ich übernehme gern Verantwortung und es ist ein besonderer Kick für mich, wenn mir jemand vertraut und ich ihn lustvoll quälen darf. Da ich jahrelang als Körpertherapeutin gearbeitet habe, weiß ich genau, wie weit ich gehen darf bei meiner lustvollen Folter.

Beim SM ist man noch empfindsamer als beim normalen Sex, denn wenn jemand sich wirklich fallen lässt, dann entsteht daraus eine wunderschöne hingebungsvolle Atmosphäre. Derjenige, der sich hingibt, hört für einen Moment auf zu denken und erlebt den Augenblick in seiner ganzen Intensität. Deshalb ist das Erleben von Lustschmerz für mich sogar eine sehr spirituelle Erfahrung, denn sie kann uns helfen, ganz wach und bewusst zu werden. Ein ähnliches Erlebnis habe ich sonst nur beim Meditieren. Aber die Sache mit dem Lustschmerz macht mir einfach mehr Spaß!

Atemübung zum Abheben

Es gibt unterschiedliche Möglichkeiten, mit Schmerz umzugehen, und es ist auch eine sehr persönliche Sache, wie man sich dabei verhält. Ich bin ein sehr extrovertierter Mensch und fange bereits an zu jammern, zu stöhnen und zu klagen, wenn ich nur eine Peitsche von Weitem sehe. Mein Körper windet sich wie eine Schlange, wenn ich auf den Po geschlagen werde, und ich schreie meinen Schmerz laut heraus. Es ist für mich ein befreiendes Gefühl, mir Luft zu machen und mich verbal durch Stöhnen und Schreien auszudrücken. Andere Menschen verstummen beim Sex, sie hören auf zu atmen, behalten die Lust und auch den Schmerz ganz bei sich. Wer also zu diesen eher introvertierten Menschen gehört, der sollte versuchen, beim Sex und auch bei lustvollen Schlägen laut zu atmen und sich durch Stöhnen und Schreien Ausdruck zu verschaffen. Es gibt aber auch die Möglichkeit, in den Schmerz hinein zu atmen und die Energie, die durch diesen intensiven Reiz ausgelöst wird, im ganzen Körper zu verteilen. Probieren Sie es aus ... allein oder mit dem Partner. Bei der nachfolgenden Übung lernen Sie, in den Schmerz hineinzuatmen, und daraus kann ein ekstatisches Glücksgefühl entstehen.

Setzen Sie sich Ihrem Partner gegenüber und schließen Sie die Augen. Am besten nehmen Sie für diese Übung den Fersensitz ein – Sie knien auf dem Boden, die Unterschenkel nach hinten gebeugt, sitzen Sie auf Ihren Fersen –, denn so ist Ihre Wirbelsäule beweglicher. Beginnen Sie damit, ganz bewusst ein- und auszuatmen. Lassen Sie jetzt das Becken von ganz allein nach vorn und hinten rollen. Spüren Sie dabei, wie sich Ihre Wirbelsäule organisch und natürlich bewegen möchte. Wiederholen Sie die Bewegung etwa 20 Mal.

Dann dürfen Sie sich im Fersensitz ein wenig ausruhen.

Nach einer Weile übernimmt einer von Ihnen die aktive Rolle – und der Passive darf entscheiden, an welcher Körperstelle er Schmerz empfinden möchte und auf welche Art und Weise, also beispielsweise am Oberarm, und zwar durch Beißen. Dom beginnt nun den Oberarm von Sub mit seinen Zähnen zu bearbeiten und ihm immer intensivere Schmerzen zuzufügen. Die Aufgabe von Sub besteht darin, sich nicht zu verkrampfen und sich nicht gegen den Schmerz zu wehren, ihn aber auch nicht laut hinauszuschreien, sondern ganz bewusst tief zu atmen und vor allem auch den Atem gedanklich auf die schmerzende Stelle zu lenken.

Wenn Sie in den Schmerz hineinatmen, verteilt sich dieses intensive Gefühl im ganzen Körper und Sie können die Schmerzenergie lustvoll nutzen und sich daran erfreuen.

Vielleicht haben Sie das Gefühl, dass Ihre physischen Grenzen sich ausdehnen und Sie ganz weit werden. Oder es entsteht ein Gefühl von Wärme. Manche Menschen spüren ein angenehmes Prickeln im Körper oder auch Gänsehaut. Die Reaktionen auf bewusst wahrgenommenen Lustschmerz sind sehr unterschiedlich und einzigartig. Erlauben Sie Ihrem Körper, sich zu bewegen. Wenn Sie möchten, können Sie aber auch versuchen, für einige Momente ganz bewusst stillzuhalten und sich auf die ruhige Atmung zu konzentrieren.

Sub entscheidet, wann er genug hat. Wie fühlen Sie sich nach dieser intensiven Sinneserfahrung? Sub darf sich nun umarmen lassen, sich hinlegen, nachspüren und genießen.

Erotische SM-Massage –
mit extremen Sinnesreizen spielen

Erotik und Sinnlichkeit lassen sich über Berührung erfahren und ausdrücken. Wenn Sie Ihren Liebespartner berühren, wie tun Sie das? Stellen Sie sich einen Augenblick lang vor, wie das Liebesspiel bei Ihnen normalerweise abläuft. Streicheln Sie Ihren Liebsten mit der rechten oder mit der linken Hand? Mit dem Handrücken oder der Handfläche? Welche Körperteile berühren Sie am liebsten? Wo werden Sie selbst gern gestreichelt? Wie viele verschiedene Möglichkeiten der Berührung kennen Sie?

Überraschen Sie Ihren Partner beim nächsten Mal mit etwas Neuem, fassen Sie ihn an einer Körperstelle an, die Sie normalerweise ignorieren, und vielleicht werden Sie dabei neue Lustpunkte entdecken. Und bringen Sie neue Sinnesreize mit ins erotische Spiel.

Normalerweise assoziieren wir bei einer erotischen Massage eher sanfte und zarte Streicheleinheiten. Wir haben im Kopf, dass man beim Sex romantisch, liebevoll und harmonisch sein sollte. Daran ist auch nichts auszusetzen und Sie werden dabei sicher einen entspannten und angenehmen Abend erleben. Aber zu viel Harmonie ist auf Dauer langweilig, vor allem wenn man sich seit vielen Jahren jeden Abend wieder im Bett begegnet. Während beim Tantra viel Wert auf Harmonie und Entspannung gelegt wird, darf es bei einer SM-Massage schon mal ein wenig härter und provozierender zur Sache gehen. Eine Beziehung lebt zwar von Harmonie, aber natürlich sollte auch eine erotische Spannung erhalten bleiben. Dazu eignen sich die Techniken aus dem SM-Bereich. Sie helfen Ihnen, sich neu in der

Liebe zu erfahren und sich auch mit unbekannten Gefühlen auseinanderzusetzen.

Spielen Sie ruhig ein bisschen mit den unterschiedlichen Facetten von Berührung. Sie werden vielleicht eine neue Form der Intimität entdecken und auch viel Spaß haben. Im Folgenden bekommen Sie einige Anregungen, wie Sie Ihren Partner mit einer SM-Massage verwöhnen können.

Heiß und kalt

Mit SM können Sie Ihr Liebesleben bereichern und es bedeutet nicht, dass Sie immer ein ausgefallenes Rollenspiel inszenieren müssen. Es kann auch reizvoll sein, sich mit ausgefallenen sinnlichen Streicheleinheiten zu verwöhnen. Vor allem Erfahrungen mit Temperaturreizen – heiß und kalt – eignen sich hervorragend für sinnliche Stunden.

Statt zu Weihnachten die Kerzen auf dem Baum zu entzünden, können Sie damit auch ihrem Partner ein besonders eindrucksvolles Erlebnis schenken, das er so schnell nicht wieder vergisst. Sie brauchen dazu einige Haushaltskerzen, Feuer und ein Laken zum Unterlegen, denn Kerzenwachs auf dem teuren Parkettboden ist vielleicht nicht so ganz im Sinne Ihres Vermieters.

Setzen Sie sich Ihrem Partner nackt gegenüber, jeder hält eine Kerze in der Hand. Nun schauen Sie einander in die Augen. Wenn Sie spüren, dass die Kerzen zu tropfen beginnen, darf einer von Ihnen damit beginnen, das heiße Kerzenwachs auf den Partner zu gießen. So lange, bis das Wachs an der Kerze erst einmal abgetropft ist und sich wieder neu bilden muss – nun ist Ihr Partner an der Reihe und darf sich für den Schmerz »rächen«.

Wenn man zum ersten Mal mit Kerzenwachs spielt, ist es ganz sinnvoll, zunächst einmal auf der eigenen Haut auszuprobieren, wie stark der Lustschmerz ist. Je näher man an die Haut kommt, desto mehr tut es natürlich weh. Farbige Kerzen, Teelichter oder Grableuchten eignen sich nicht für den Einstieg in diese Erfahrung, da sie einen höheren Schmelzpunkt haben und deshalb mehr Schmerz auslösen.

Jede Körperstelle reagiert anders auf das heiße Wachs. Auf dem Rücken oder dem Po erträgt man den Schmerz meist leichter als auf der Vorderseite des Körpers. Meiner Erfahrung nach ist jeder Mensch sehr unterschiedlich in der Schmerzempfindung. Zu wenig Lustschmerz ist langweilig und macht ungeduldig. Wenn man dagegen zu viel des Guten abbekommt, möchte man am liebsten die Wände hochlaufen vor Schmerz – und das macht natürlich dann auch keinen Spaß.

Achten Sie genau auf die Reaktionen Ihres Partners und vergrößern Sie den Abstand zwischen Kerze und Haut, wenn Sie den »Eindruck« haben, das Spiel wird zu heiß.

Besonders reizvoll ist es natürlich auch, wenn Sie zwischendurch auch mal ein paar Eiswürfel über die Haut gleiten lassen. Erotische Gänsehaut pur! Wenn die Kerzen abgebrannt sind oder Sie völlig erschöpft inmitten des Wachses auf dem Boden liegen, können Sie das Spiel beenden.

Jetzt sollte das Wachs wieder sorgfältig von der Haut abgekratzt werden. Dazu eignet sich ein Messer, das Sie so gekonnt in das SM-Spiel einbauen können, dass Ihrem Partner kurzzeitig noch mal die Luft wegbleibt vor Angst. Sie können natürlich auch ganz sanft vorgehen. Die letzten Reste des Kerzenwachses werden dann garantiert nach einer heißen Dusche verschwunden sein.

Sie können sich bei diesem Ritual in der aktiven und passiven Rolle abwechseln. Wenn Sie mögen, können Sie aber auch ein ganz spezielles »Verwöhnprogramm« für Ihren Partner zusammenstellen, bei dem er einfach nur »genießen« darf.

Beißen und lecken

Viele Tiere erkunden ihre Umwelt über den Geschmacks- und Geruchssinn. Und nicht nur die Tiere ... als Baby und Kleinkind haben wir auch erst einmal alles, was uns zwischen die Finger kam, in den Mund gesteckt. Sehr zum Leidwesen unserer Mütter.

»Nicht in den Mund nehmen«, wurde geschimpft, »das ist bäh.«

Leider haben sich uns diese Verbote so tief eingeprägt, dass wir auch als Erwachsene nichts mehr gern mit unserem Mund und unserer Zunge berühren wollen. Wir haben Angst, dass es nicht hygienisch sein könnte, dass wir uns lächerlich machen oder dass sich das einfach nicht gehört. Sehr schade eigentlich! Denn wenn wir beim Liebemachen auch die Geschmacksnerven, die Lippen und die Zähne einsetzen, macht das großen Spaß.

Einander mit dem Mund und den Lippen zu berühren ist etwas sehr Intimes und deshalb möchte man diesen Körperkontakt auch nicht mit jedem haben. Aber mit dem Liebespartner ist es sehr verbindend und erotisch. Mit dem Mund kann man saugen, lecken, blasen, streicheln, nagen, knabbern ... und wenn es etwas härter zugehen soll, darf man ruhig auch einmal beißen. Dabei ist das Beißen aber eine hohe Kunst, vergleichbar mit dem Küssen.

Probieren Sie es mal aus – mit dem Liebesbiss: Stellen Sie sich vor, dass Sie Ihren Liebsten zehn Minuten lang mit Mund und Zähnen beglücken dürfen.

Entscheiden Sie, wer von Ihnen gebissen werden möchte, und dann dürfen Sie sich auf ein erotisches Erlebnis der besonderen Art freuen. Der »Vampir« beginnt erst ganz vorsichtig, sich an die zu beißende Stelle heranzutasten. Beginnen Sie mit verführerischen kleinen Küssen, lecken Sie ein wenig über die Haut und machen Sie Ihr »Opfer« heiß. Jede Körperstelle reagiert ein wenig anders darauf, gebissen zu werden. Meist wird ein Liebesbiss in den Nacken- oder Schulterbereich als angenehm empfunden. Versuchen Sie zunächst einmal, sich selbst zu beißen, um ein Gespür dafür zu bekommen, wie fest oder zart Sie zubeißen sollten. Der Druck wird vor allem durch den Unterkiefer kontrolliert. Beißen Sie zunächst ganz vorsichtig und steigern Sie dann den Druck. Sie werden an der Reaktion Ihres Partners spüren, wie es ihm gefällt. Stellen Sie sich vor, dass Sie ihn auf diese Weise über einen längeren Zeitraum beglücken wollen. Deshalb sollten Sie darauf achten, zunächst nicht zu fest zuzubeißen.

Zwischendurch dürfen Sie auch immer mal wieder eine kurze Pause machen und wie ein Kätzchen verschmust über die Haut des anderen lecken. Das Spiel mit Lecken und Beißen eignet sich gut, um den anderen scharf zu machen, aber auch für Pet-Play (siehe ab Seite 137), also für Spiele, in denen Sie sich wie ein Tier fühlen möchten.

Kratzen und streicheln

Angriffslustig oder sanft? Durch Kratzen und Streicheln bringen Sie Ihren Partner sicher auch auf Touren! Probieren Sie zunächst an sich selbst aus, wie es sich anfühlt, zart berührt und gestreichelt zu werden. Welche Körperstellen reagieren besonders empfindlich? Wo spüren Sie die Berührung weniger intensiv?

Meist streichelt man mit der Handfläche oder auch mit den Fingern. Probieren Sie andere Möglichkeiten der Berührung aus und bereichern Sie damit Ihr Liebesrepertoire. Sie können zum Beispiel mit der Rückseite der Hand streicheln, mit den Fingerspitzen oder auch nur mit einer einzigen Fingerspitze. Jedes Mal fühlt sich die Berührung ein wenig anders an.

Wenn Sie Ihren Partner mit einem kleinen SM-Verwöhnprogramm beglücken möchten, bitten Sie ihn, sich entspannt auf den Bauch zu legen. Lassen Sie sich nun von Ihrer Intuition leiten, um zu erspüren, an welcher Stelle der Partner sich jetzt Berührung wünscht. Dabei würde ich erst einmal ganz sanft und einfühlsam beginnen, damit Ihr Partner sich entspannen kann. Denn erst wenn er sich öffnet, ist es für beide ein lustvolles Erlebnis.

Streicheln Sie mit den Händen über seinen Rücken, aber vielleicht auch mit den Brüsten oder mit Ihrem Haar. Verwenden Sie sanft den Ellenbogen, die Unterarme ... sogar mit den Füßen können Sie jemanden streicheln und sinnlich berühren. Wenn nun Ihr Partner unter Ihren sanften Berührungen geradezu zerfließt und kurz vor dem Einschlafen ist, würde ich ihn mit einer etwas härteren Berührungsvariante überraschen und wieder aufwecken: Beginnen Sie mit einer Hand über seinen Rücken zu kratzen. Erst sanft, um festzustellen, wie er darauf reagiert, aber dann darf es ruhig auch etwas wehtun.

Gerade Kratzen wird meist als sehr erregend und sexuell stimulierend empfunden. Wenn der Einsatz Ihrer Katzenkrallen gut angekommen ist, dürfen Sie auch beide Hände benutzen. Malen Sie ein hübsches Muster auf den Rücken Ihres Partners oder bewegen Sie Ihre Hände aufeinander zu – mit einer beginnen Sie oben im Nacken, mit der anderen am unteren Rücken ... Halten Sie auf dem Po einen Moment inne, versenken Sie Ihre Krallen ein wenig tiefer ins pralle Fleisch und versuchen Sie seine Schreie zu interpretieren. Schreit sein Körper nach mehr oder hat er längst genug von dieser Liebesfolter?

Wenn es mehr sein darf: Die Innenseite der Oberschenkel ist besonders empfindlich. Und wenn Sie dort vorsichtig Ihre Fingernägel einsetzen, ist es natürlich nicht mehr weit zu den besonders erogenen Körperstellen. Auch der Genitalbereich möchte gestreichelt und ein wenig »gequält« werden.

Sie werden erstaunt sein, wie Sie nur mit den beiden Berührungsqualitäten Streicheln und Kratzen ein wunderbares Vorspiel erleben können. Nach einer normalen Streichelmassage ist der Liebespartner meist sehr entspannt, oft hat er dann gar keine Lust mehr auf Sex. Wenn Sie jedoch die Streicheleinheiten wie beschrieben mit kratzbürstigen Passagen abwechseln, dann wird der Körper gleichzeitig auch stimuliert – und das ist natürlich eine wunderbare Voraussetzung für aufregenden Sex.

Ganz schön kitzlig: Das erotische Verhör

Eine Foltermethode des Mittelalters war die Methode des Kitzelns. Was sich so harmlos anhört, kann sehr unangenehm sein und einen Menschen tatsächlich in den Wahnsinn treiben. Man scheute damals auch nicht davor zurück, Tiere für diese Art der Folter einzusetzen: Die Füße der Gefangenen wurden mit Salz eingerieben und dann sollten Ziegen das Salz ablecken. Ziemlich grausam!

Aber für ein SM-Spiel können Sie natürlich ein wenig mit diesem interessanten Körperreiz experimentieren und ihn auch in eine kleine Geschichte verpacken.

Stellen Sie sich vor, dass Sie Ihren Liebespartner ins Verhör nehmen. Er soll Ihnen die Wahrheit sagen, zum Beispiel darüber, woran er beim Masturbieren immer denkt. Zunächst einmal wird er wahrscheinlich schwören, dass nur SIE in den Fantasien vorkommen. Aber glauben Sie ihm das? Fesseln Sie ihn mit einem Seil auf einem Stuhl und dann wird er zur Strafe gekitzelt, bis ihm wieder ein neues pikantes Detail aus seinen geheimsten Fantasien einfällt. Es ist dabei natürlich gleichgültig, ob er sich das ausdenkt oder ob das wirklich seine Fantasien sind, es geht eigentlich nur um einen Vorwand, die Wahrheit aus ihm »herauszukitzeln« – und dabei mehr über seine erotischen Fantasien zu erfahren.

Kitzeln kann man an sich selbst nur schwer ausprobieren, das geht nur bei einem Partner. Es erzeugt ein Gefühl der Ohnmacht und Hilflosigkeit, gepaart mit Anfällen von hysterischer Ekstase. Finden Sie heraus, wo Ihr Partner besonders empfindlich ist. Bei mir ist es so, dass man nur in die Nähe der Achseln kommen muss, und ich fange bereits bei dem Gedanken ans »Kitzeln« hysterisch zu lachen an. Andere Menschen lieben und hassen es gleichzeitig, wenn sie an den Fußsohlen gekitzelt werden. Ich erlebe das Kitzeln mit einer seltsamen Mischung aus Lust und einem schwer beschreibbaren Gefühl der Panik, vor allem, wenn ich beim Kitzeln festgehalten werde. Es ist lustvoll und schrecklich zugleich. Es gibt auch Menschen, die reagieren überhaupt nicht auf Kitzeln. Ich weiß nicht, ob sie zu bedauern oder zu beneiden sind, denn damit entgeht ihnen natürlich auch etwas.

Der Kneiftest

Beim Kitzeln geht es meist recht wild und dynamisch zu. Beim Kneifen dagegen handelt Dom eher langsam und benutzt den Dehnungsschmerz der Haut und der darunterliegenden Muskeln, um bei Sub neue Sinneserfahrungen zu erzeugen.

Es ist auch hier sehr spannend, zuerst ein wenig mit sich selbst zu spielen und herauszufinden, wie sich dieses Gefühl am eigenen Körper anfühlt. Nehmen Sie ein wenig Haut zwischen die

Finger und ziehen Sie daran. Beginnen Sie mit der Haut an den Unterarmen und befühlen Sie dann die Muskeln an den Oberarmen. Wo an Ihrem Körper fühlt das Kneifen sich interessant an? Wo stimuliert es Ihre Lust? Und wo ist es Ihnen unangenehm? Beim SM geht es um neue Körpererfahrungen, die wir zunächst einmal nicht in gut oder schlecht unterteilen sollten. Ich finde es immer spannend, neugierig zu sein auf neue Sinnesreize, die dann in einer »erotischen Behandlung« eingesetzt werden können, oder auch in einer Art SM-Massage.

Wenn Sie zum Beispiel ein erotisches Rollenspiel mit dem Partner planen, dann ergeben sich für den Dom oft Situationen, in denen ihm vielleicht gerade nichts Neues, Aufregendes mehr einfällt. Solche Pausen kann man gut damit überbrücken, dass man Sub beispielsweise mit gespreizten Beinen an die Wand stellt, seine Hände muss er über den Kopf heben, und dann kann man ihn ein wenig berühren. Ihn quälen. Ihm Lust verschaffen. Ein wenig ins Gesicht kneifen, dann dem Schmerz nachspüren lassen. Ein bisschen küssen – und dann wieder an einer anderen Stelle kneifen. Sub ist mit diesen intensiven Reizen beschäftigt und Dom hat eine kleine Verschnaufpause, um sich wieder neue Boshaftigkeiten einfallen zu lassen, die allen Beteiligten Lust bereiten.

Schlagen und küssen

Für viele Paare ist es eine seltsame Vorstellung, dass man Schläge auch mit Liebe in Verbindung bringen kann. Ich versuche dann meinen Klienten zu erklären, dass manche Menschen es sehr genießen, geschlagen zu werden – und dass es bei einem SM-Arrangement keinesfalls um eine sadistische Aggression geht, sondern um ein wohldosiertes sinnliches Vergnügen, dem man sich freiwillig aussetzt und das zu jedem Zeitpunkt abgebrochen werden kann.

Die emotionale Komponente, dass einer dem anderen ausgeliefert ist, kann sehr stimulierend wirken. Wie schon gesagt: Es ist nicht immer die zärtliche Harmonie, die für ein aufregendes Liebesleben sorgt, sondern auch die Dissonanz hält die erotische Spannung aufrecht. Vor allem wenn Sie ganz bewusst mit diesem Gegensatz von nett und boshaft spielen.

Schläge sind zunächst aber auch – ganz wertungsfrei gesehen – eine Möglichkeit, Sinnesreize zu erzeugen. In dem Fall geschieht das mit der Hand oder einem anderen Schlaginstrument auf einem meist nackten Körper. Dadurch entsteht eine körperliche Reaktion, die auf chemischen Prozessen beruht. Es werden Endorphine, die sogenannten Glückshormone, ausgeschüttet, die das Schmerzempfinden dämpfen sollen und als sehr euphorisierend wahrgenommen werden.

Da Sie anfangs wahrscheinlich Angst haben werden, zu fest zuzuschlagen, können Sie das ruhig vorher mal am eigenen Leib austesten. Sie werden feststellen, dass manche Körperstellen, beispielsweise der Po, recht schmerzresistent sind und hier durchaus härtere Schläge möglich sind. Andere Körperteile, wie etwa das Gesicht, sind sehr empfindlich – und gerade bei einer Ohrfeige kommt natürlich noch eine starke emotionale Komponente hinzu, die nicht unterschätzt werden sollte; die damit möglicherweise zusammenhängende psychische Demütigung ist oft schmerzhafter als der körperliche Schlag. Deshalb sollten Sie mit dem Partner genau absprechen, was bei Ihrem erotischen SM-Spiel erlaubt ist (siehe auch Seite 39).

Auf keinen Fall sollten Sie Ihren Partner in Ihrem erotischen Spiel auf die Hals- und Nackenpartie schlagen und auch der untere Rücken ist wegen einer Verletzungsgefahr der Nieren tabu. Sanfte Schläge auf die Genitalien dagegen führen oft zu erfreuten Reaktionen. Vor allem wenn Sie zwischendurch zärtlich die wunden Stellen küssen.

Erotische Bestrafung

Einer von Ihnen übernimmt die Sub-Rolle und der andere ist in diesem Spiel der dominante Part. Dom darf sich aussuchen, welche Position Sub für die Bestrafung einnehmen soll, zum Beispiel auf dem Boden kniend, mit erhobenem Hinterteil. Die ganz klassische Haltung des Po-Versohlens ist ebenfalls eine beliebte SM-Technik: Dom setzt sich dabei bequem auf einen Stuhl und Sub muss sich über den Schoß legen. Sub kann dabei ganz nackt sein. Ich finde es jedoch besonders reizvoll, wenn nur der Rock etwas nach oben geschoben und der Slip ein wenig nach unten gezogen wird. So halb ausgezogen zu sein, hat etwas sehr Demütigendes, so als ob man als reines Lustobjekt »missbraucht« würde. Beginnen Sie damit, Sub ein wenig über den Po zu streicheln und ihn gefügig zu machen. Schließlich soll er bei all den Schmerzen auch Spaß haben. Dann dürfen Sie mit einer Hand etwas ausholen, dabei einatmen, ausatmen – und in der Atempause auf die nackten Hinterbacken klatschen. Mit der Zeit werden Sie feststellen, dass ein guter Schlag, der durch den ganzen Körper schießt, einen besonderen Klang hat.

Klatschen Sie einmal in die Hände und Sie werden feststellen, dass sich das Klatschen sehr unterschiedlich anhört, je nachdem, wie fest Sie zugeschlagen haben und wie entspannt Sie dabei waren. Tut es weh, wenn Sie in die Hände klatschen? Nein! Es ist eine interessante sinnliche Erfahrung, die sich für die meisten Menschen angenehm anfühlt.

Jemandem wirklich gut den Hintern zu versohlen, ist eine wahre Kunst und muss erst erlernt werden. Es geht zunächst nicht darum, Schmerzen zuzufügen, sondern einfach nur darum, mit einer Hand auf den Po zu klatschen. Allein das ist bereits ein interessantes Gefühl für Sub und da es am Anfang kaum wehtut, aber angenehm prickelt, möchte er mehr davon haben. Und das genau ist die hohe Kunst des SM-Schlagens: Sub soll darum betteln, von Ihnen mit weiteren Schlägen verwöhnt zu werden. Manche Menschen sind regelrecht süchtig danach. Ein guter Schlag auf den Po geht durch den ganzen Rücken und Sub bewegt sich dabei ganz wie von selbst ein wenig nach vorn. Sie können mit einigen sanfteren Klapsen auf den Po beginnen und allmählich das Tempo sowie die Intensität der Schläge steigern. Wichtig ist es, dass Sie zwischendurch immer auch wieder kleine Pausen einlegen, in denen Sub nachspüren kann. Wenn Sie ihn mit sinnlichen Reizen überfordern, kann er nicht mehr so viel empfinden. Gerade nach einem besonders harten Schlag brennt die Haut, Sub ist empfindsam, vielleicht sogar den Tränen nah. Wenn Sie dann in dieser sensiblen Phase die rote Haut Ihres Liebsten küssen, ist das wie Balsam für seine Seele. Wenn Sie merken, dass Sub die Schläge gut aufnimmt, dann dürfen zwischendurch auch mal ein paar richtig harte Treffer dabei sein, schließlich wollen Sie auch Ihren Spaß haben. Und es ist auch für Sub wichtig, wenn er an seine Grenzen gebracht wird, denn dann kann er sich noch mehr hingeben und es entsteht ein sehr intensiver Austausch zwischen Ihnen.

Sub darf entscheiden, ob er den Lustschmerz hinausschreit – das kann sehr befreiend sein, denn vielen Menschen fällt es sehr schwer, sich beim Sex über die Stimme und über Laute auszudrücken. Dadurch wird die sexuelle Energie oft gehemmt – und das ist schade.

Beim SM können Sie üben, natürlich und selbstverständlich mit Ihren Gefühlen umzugehen. Letztendlich geht es in der Erotik und in der Sexualität um tiefe Emotionen und um große Intensität. Sie dürfen die erotische Bestrafung als besondere Maßnahme für ein schlimmes Vergehen anwenden oder auch einfach als Vorspiel für wirklich guten und leidenschaftlichen Sex. Nichts spricht dagegen, anschließend auch wieder die Rollen zu tauschen, damit niemand von Ihnen zu kurz kommt.

Umarmen und Druck ausüben

Die meisten Menschen werden gern umarmt. Es erinnert uns daran, wie wir als kleines Kind von der Mutter getröstet wurden, die Welt fühlt sich wieder sicher an und eine liebevolle Umarmung entspannt uns. Umarmung kann sehr unterschiedlich aussehen. Probieren Sie einfach mal gemeinsam aus, wie es sich anfühlt, wenn ein Partner aktiv umarmt und der andere sich umarmen lässt. Dabei erfahren Sie: Wie sehr gelingt es mir, Liebe zu schenken? Wie gut kann ich es annehmen, einfach nur passiv und in der empfangenden Rolle zu sein? Welche Rolle gefällt mir besser? Was ist mir vertrauter?

Versuchen Sie, verschiedene Körperteile zu umarmen. Wie fühlt es sich an, die Beine des Liebsten zu umschlingen? Man kann auch mit beiden Händen einen Fuß umfassen oder den Kopf. Probieren Sie verschiedene Stellungen aus, in denen Umarmung stattfinden kann. Man kann zum Beispiel im Sitzen von hinten jemanden in den Arm nehmen. Oder auch im Stehen oder im Liegen. Kurz: Eine Umarmung ist eine schöne harmonische Begegnung.

Doch jetzt dürfen Sie Ihren Partner ein wenig überraschen: Was geschieht, wenn Sie Ihre Arme auf einmal fester um den Körper des Liebsten zusammenziehen? Plötzlich wird aus der liebevollen Umarmung ein fester Druck. Manche Menschen lieben das, andere empfinden es als einengend. Achten Sie darauf: Wie fühlt es sich für Sie beide an? Wie stark können Sie Druck auf verschiedene Körperteile ausüben, bevor es Ihrem Partner unangenehm wird?

Natürlich geht es hier auch nicht nur um eine körperliche Begegnung: Jede Berührung ruft in uns auch Emotionen hervor. Zumindest wenn wir einigermaßen offen sind für Gefühle. Man kann zum Beispiel jemanden auch zu sehr lieben und damit Druck ausüben. Durch körperlichen Druck kann Lust erzeugt werden, aber auch ein Gefühl der Beklemmung.

Sie müssen zu Ihrem Liebespartner beim Sex nicht immer nur lieb und nett sein. Das ist vielleicht in Ihrem Kopf so verankert, aber mit der Realität einer sexuellen Beziehung hat es oft nicht sehr viel zu tun. Die meisten Menschen wünschen sich auch im Bett eine Herausforderung und wollen sich immer wieder neu spüren können.

Wenn Sie ein gutes Vertrauensverhältnis haben, wird Ihr Partner es vielleicht sogar sehr aufregend finden, wenn Sie nicht nur die liebevolle Gefährtin im Bett sind, sondern auch mal die unberechenbare Amazone oder eine herrische Domina. Umgekehrt lieben viele Frauen es, wenn der Mann auf diese Art seine körperliche Überlegenheit zeigt. Aber selbstverständlich mit viel Respekt und Liebe. Es ist wichtig, sich immer auch Feedback zu geben, wenn sich etwas nicht mehr gut anfühlt. Dann werden Sie durch die verschiedenen Sinnesreize Ihr Repertoire beim Liebesspiel erweitern.

Das körperliche Spiel von Umarmung und Druck ausüben können Sie beispielsweise wunderbar in ein Rollenspiel einbauen, bei dem einer von Ihnen dominanter ist. Wenn der Meister seine devote Sklavin liebevoll in den Arm nimmt und dann völlig unerwartet Ihre Hände packt und fest hinter dem Rücken zusammenhält, dann überrascht er sie und baut erotische Spannung auf. Und seine Sklavin wird Lust haben auf mehr ...

Halten und festhalten

Jemanden in einer Session in einem besonders innigen Moment einfach nur im Arm zu halten, kann viel intensiver sein, als permanent für Programm zu sorgen. Gerade wenn intensive Emotionen erlebt werden, ist es schön, dem Partner Raum für seine Gefühle zu geben. Sie können den Partner umarmen, ihn wie ein Kind auf dem Schoß wiegen, seinen Kopf halten oder ganz schlicht auch nur seine Hand berühren. Manchmal ist weniger mehr, weil sich dann alle Sinneseindrücke auf den minimalen Kontakt fokussieren.

Probieren Sie mit Ihrem Liebespartner aus, auf welch unterschiedliche Weise Sie sich gegenseitig halten können und wie Sie damit Wohlbefinden und Vertrauen schaffen. Wie fühlt es sich an, die Hand des anderen zu halten? Was ist anders, wenn Sie seinen Kopf halten? Wie wirkt sich eine feste Umarmung aus?

Ich würde sogar vorschlagen, dass Sie jedes intensive SM-Spiel mit einer Umarmung beenden, damit Sie aus den SM-Rollen aussteigen und sich wieder als gleichwertige Partner begegnen können. Jemanden zu halten, bedeutet auch, dass man in diesem Augenblick Verantwortung für den anderen übernimmt und ihn wohlwollend in seinem Prozess begleitet. Mütter halten ihre Babys im Arm, an dieses Gefühl werden die meisten von uns immer wieder gern erinnert. Doch dabei spielt auch die Balance von Nähe und Distanz eine wichtige Rolle: Wenn die fürsorgliche Mutter ihr Kind nämlich immer noch halten möchte, wenn es längst allein die Welt erkunden will, dann wird aus dem selbstlosen Halten ein Festhalten.

Ein weiterer Aspekt: Wir mögen Menschen, die überraschend sind, immer auch ein bisschen fremd bleiben und nicht in jedem Detail berechenbar sind. Viele Frauen sind beispielsweise hilfsbereit und kümmern sich gern um andere. So sind wir erzogen worden und das haben wir verinnerlicht. Aber dieses Verhalten wirkt auf Dauer recht langweilig und Männer wissen es oft gar nicht so sehr zu schätzen. Und auch so manche Frau steht auf die Männer, die ein wenig arrogant sind. Sie verlieben sich mit der größten Treffsicherheit immer in die falschen Männer, in einen dieser »Bad Boys«, die alles andere als lieb und nett sind. Dagegen hat der nette Kollege aus dem Büro keine Chancen, auch wenn er regelmäßig für sie Kaffee holt und sie mittags in die Kantine einlädt.

Also: Wirklich spannend ist nicht der Mensch, der stets lieb und nett ist. Sondern der, der auch überraschen kann, ab und an mal aus der gewohnten Rolle fällt ...

Das nutze ich auch bei SM-Sessions gern aus: Wenn mich Menschen kennenlernen, dann wirke ich auf den ersten Blick wohl auf die meisten sehr nett und verständnisvoll. Und eigentlich bin ich das auch. Bei einem SM-Spiel überrasche ich mein Opfer der Begierde dann gern, indem ich zunächst in der sehr liebevollen und fürsorglichen Rolle verweile. Ich streichle ihnen übers Gesicht, beiße ihnen zärtlich in den Nacken und halte fürsorglich ihre Hand. Und dann wird mein Griff plötzlich fest. Wie Vampirkrallen haben sich meine Finger in die Hände meines unschuldigen Opfers verhakt. Aus der fürsorglichen Mutti ist eine grausame Hexe geworden, die sich an ihrem Opfer laben möchte. Eine Spinne, die ihre Beute in Sicherheit gewiegt hat, sich aber längst ihr Netz gesponnen hat, um dann im passenden Moment gierig über die Beute herzufallen.

Berührung hat nicht nur eine körperliche Bedeutung, sondern ruft auch immer Emotionen hervor. Dieser Schock, dass aus dem liebevollen Halten auf einmal ein böses Festhalten wird, lässt dem Opfer eine schaurig-schöne Gänsehaut über den Rücken laufen. Vor allem wenn es weiß, dass ich in Wahrheit natürlich doch eine ganz Liebe bin, der es Spaß macht, anderen Freude zu schenken. Auf die unterschiedlichste Art und Weise ...

Sanft und hart berühren

Bei Berührungsspielen, bei denen einer passiv und der andere aktiv ist, kommt es vor allem darauf an, dass Sie als der dominante Part für Abwechslung sorgen. Sub soll sich zwar auch ein bisschen entspannen dürfen – zumindest am Anfang – aber es darf auch nicht allzu harmonisch werden. Wer Harmonie über alles liebt, der ist beim Tantra besser aufgehoben. Beim SM geht es um erotische Spannung, deshalb sollten Sie bei körperlichen Berührungen immer darauf achten, dass Sie harte und sanfte Berührungen abwechselnd einsetzen.

Gerade am Anfang glaubt man als Dom, Sub pausenlos beschäftigen, quälen oder reizen zu müssen. Aber je mehr Reize der Körper abbekommt, desto unsensibler wird er – und umso härter müssen Sie als Dom schließlich arbeiten, damit Sub überhaupt noch etwas spürt. Ganz wichtig sind deshalb immer wieder Pausen, in denen nichts passiert, in denen Sub nachspüren darf und sich nach neuer Aufmerksamkeit sehnen kann. Erst wenn der Körper wieder ganz entspannt ist, können Sie ihn erneut mit weiteren »Gemeinheiten« überraschen. Die werden dann auch sehr intensiv wahrgenommen.

Sorgen Sie für eine Atmosphäre, in der Sub sich Ihnen gern hingibt. Für manche ist es der Folterkeller: Sie wollen den harten Beton unter den Knien fühlen oder in einer hilflosen Position angekettet sein. Für andere ist es reizvoller, ganz normal auf dem Bett zu liegen. SM kann meiner Meinung nach auch in das ganz normale Liebesspiel mit eingebaut werden.

SM hat viele Facetten und die Rollen von Dominanz und Gehorsam kehren sich durchaus auch ein Stück weit um: »Schatz, mach's mir doch mal mit den Klammern«, sagt mein Freund oft und ruht sich dabei aus wie ein fauler Pascha. Ist das auch noch SM? Wenn Sub bestimmt, was er jetzt gern hätte? Ein Sklave kann sehr viel Macht haben in einer SM-Session, denn er kann das Spiel zum Beispiel jederzeit abbrechen, wenn er keine Lust mehr hat. Außerdem bekommt er ganz viel Aufmerksamkeit und ist die Hauptperson im erotischen Spiel. Manche Doms fühlen sich oft regelrecht in der unterlegenen Rolle, weil sie immer das Gefühl haben, es Sub recht machen zu müssen. »Bitte mach mir noch eine Klammer unter die rechte Schulter. Jaaaaa! Und jetzt spiel mit meinen Brustwarzen. Ich will so gern am Rücken gekratzt werden… und nun beiß mich in die linke Schulter…«

Wenn sich die Rollen so stark umkehren, dann sollte man entweder ganz konsequent sein und die Rollen tauschen, denn Sub hat nicht den gesamten Ablauf zu bestimmen. Oder man nimmt es als Dom gelassen hin und bereitet seinem Liebsten einfach Freude durch lustvollen Schmerz. Wie bei einer Massage eben – nur halt etwas härter.

Langsam und schnell bewegen

Welche Möglichkeiten gibt es noch, um eine SM-Massage aufregender zu gestalten? Selbst wenn Dom sehr einfallsreich ist und schlägt, beißt, kitzelt oder kneift, was das Zeug hält: Wenn jede Berührung im gleichen Tempo ausgeführt wird, fällt man rasch in einen monotonen Rhythmus – und es wird langweilig. Statt immer gleichmäßig auf den Po zu hauen, wäre es spannend, einige schnelle Schläge folgen zu lassen, die Sub in dem Moment nicht erwartet hat. Überraschen Sie Sub, indem Sie das Tempo variieren, sodass er nicht weiß, was als Nächstes auf ihn zukommt. Klatschen Sie mit beiden Händen einen Trommelwirbel auf dem Rücken und dem Po. Machen Sie eine kleine Pause, damit die Wirkung des Schmerzes sich entfalten kann.

Streicheln Sie ganz sanft mit dem Zeigefinger über die roten Abdrücke, die Ihre Hände hinterlassen haben. Beißen Sie dann langsam und vorsichtig in Subs Schulter. Immer stärker und intensiver dürfen Sie beißen, bis Sub es nicht mehr aushält und Sie ihm wieder eine kurze Verschnaufpause zur Erholung gönnen. Wenn er gerade kurz vor dem wohligen Entspannen ist, dürfen Sie schnell über den Körper kratzen, mit Ihren Zähnen in seinem Rücken wühlen, sich mit Ihrer Wildheit auf Ihrem Opfer der Begierde austoben … und dann werden Sie unvermittelt wieder lammfromm und lecken ganz langsam und vorsichtig über die roten Striemen, die Sie Ihrem Liebsten geschenkt haben. Schmerzen sind im SM ein Geschenk! Das sollte Sub sich hinter die Ohren schreiben, wenn er das nächste Mal jammert.

SM-Kopfkino: Ekstase durch Sinnesentzug

Weniger ist oft mehr! Sehr reizvoll kann es sein, beim erotischen Spiel verschiedene Sinnesreize auszuschließen. Dadurch entsteht eine ungewöhnliche Situation, die spannend ist – und die noch verfügbaren Sinnesorgane werden sensibilisiert.

Mit verbundenen Augen

Ich habe Ihnen schon einige Anregungen gegeben, wie Sie mithilfe von ganz speziellen sinnlichen Berührungen eine SM-Massage geben können (siehe ab Seite 66). Damit konnten Sie Ihr erotisches Repertoire auf der körperlichen Ebene erweitern. Aber beim SM geht es vor allem auch um starke Emotionen, die nicht nur durch Sinnesreize, sondern auch durch Sinnesentzug ausgelöst werden. Dann wird vor allem das eigene Kopfkino stimuliert, das durch den Mangel an äußeren Reizen auf Hochtouren gerät.

Verbinden Sie Ihrem Partner die Augen – und schon wirkt die Welt ganz anders. Ich habe vor einiger Zeit ein spezielles Erotikevent in einem Schloss erlebt: ein Blind Dinner. Bereits in der Hotelhalle wurden uns von einem attraktiven Herrn im schwarzen Anzug die Augen verbunden. Nicht etwa nur mit einer Augenbinde, sondern zusätzlich auch noch mit einem selbstklebenden Spezialtape, so dass ich wirklich nichts mehr sehen konnte. Dann wurden wir zu einem ganz speziellen Dinner geführt, bei dem wir als Paar zwar den ersten Gang gemeinsam verspeisen durften, aber spätestens beim Hummercremesüppchen saß dann jeder von uns mit fremden Menschen an einem Tisch. Da wir nichts sehen konnten und das Dinner in einem exklusiven Swingerclub serviert wurde, ging natürlich an manchen Tischen schon nach kurzer Zeit die Post ab. Vor allem, da der Partner nichts davon mitbekam ...

»Lass uns mal anstoßen«, schlug mein Freund beim Amuse-Gueule vor, das aus einer Tomatenscheibe mit Linsenlachssalat bestand.

»Hey, das waren meine Brüste«, beschwerte ich mich, als mein Freund mit seinem Champagnerglas zielsicher daneben prostete.

»Schrei doch nicht so laut«, beschwerte er sich und versuchte mich dann auf den Mund zu küssen.

»Ich schreie doch gar nicht«, widersprach ich ihm. »Ich rede ganz normal!«

Sein Kuss landete auf meinem Kinn, und das fühlte sich interessant an, da er mich dort noch nie geküsst hatte.

»Gleich werde ich an einen anderen Tisch versetzt und untersteh dich, deiner neuen Tischnachbarin so nah zu kommen«, warnte ich ihn.

»Was meinst du? Ich verstehe dich nicht, es ist so laut hier«, lachte mein Freund. Unverschämtheit! Und was im weiteren Verlauf des Abends genau geschehen ist, weiß ich bis heute nicht. Jemandem die Augen zu verbinden, das hört sich banal an, aber immer wenn ein Sinnesorgan nicht mehr funktioniert, werden andere Sinneseindrücke stärker wahrgenommen. Da wir die Welt in erster Linie visuell wahrnehmen, fühlen wir uns mit verbundenen Augen hilflos. Das kann für eine SM-Session ein sehr schönes Mittel sein, um Sub gefügig zu machen und ihm ein aufregendes Erlebnis zu schenken.

Ohrstöpsel und Knebel

Im Prinzip können Sie in Ihren erotischen Spielen alle Sinneswahrnehmungen des Subs einschränken – und das kann zu einer völlig neuen Art der Wahrnehmung führen. Immer wenn ein Sinnesorgan nicht mehr verfügbar ist, reagieren die anderen umso sensibler: Wenn Sie nichts mehr hören können, wird wahrscheinlich Ihr Tastsinn stimuliert und Sie können Berührungen stärker empfinden. Wenn zusätzlich noch die Augen verbunden sind, werden Sie noch empfindsamer.

Natürlich können Sie dieses Gefühl der Ohnmacht und Hilflosigkeit noch steigern, wenn Sie dann auch noch mit Fesselung die Bewegung einschränken (siehe folgende Seiten). Sub wird dann äußerst wach sein und auf alle Ihre Befehle und Züchtigungen extrem intensiv reagieren. Natürlich kann das auch die sexuelle Lust verstärken und zu völlig neuen Erlebnissen führen.

Besonders interessant finde ich Mundknebel, denn vor allem wenn man gern spricht, ist es ein seltsames Gefühl, auf einmal verstummen zu müssen. Vor einigen Jahren fing ich an, Tango zu tanzen, und feierte meinen Geburtstag in einer Tapas-Bar, die der Tangoschule angeschlossen war. Meine Freundinnen hatten mich mit Augencremes und anderen praktischen Geschenken aus der Anti-Aging-Sparte überhäuft. Schließlich hielt ich das Geschenk meines Tangopartners in den Händen und als ich es auspackte, verstummte die johlende Frauenrunde: Ich hielt einen SM-Knebel aus Gummi in der Hand! Ich selbst fand das total witzig in diesem Augenblick. Wie mutig von meinem Tangopartner! Immerhin waren wir kein Paar und ich denke, er wollte einfach mal austesten, wie ich auf so ein ausgefallenes Geschenk reagieren würde.

»Das trage ich dann bei unserer nächsten Milonga«, schlug ich vor. Aber irgendwie kam es nie dazu, die Tangoszene ist eher ein wenig verklemmt und ich hätte damit mehr Aufsehen erregt, als mir lieb gewesen wäre. Und anschließend hätte dann wahrscheinlich kaum mehr ein Tänzer mit mir getanzt, weil sich alle vor mir gefürchtet hätten. Den Mundknebel probierte ich dann später zu Hause aus – mit einem anderen Mann.

Freiheitsentzug – ein Spiel mit Dominanz und Hilflosigkeit

Wenn der dominante Partner die Bewegungsmöglichkeiten des anderen einschränkt – etwa indem er ihn einsperrt oder fesselt –, ergeben sich neue erotische Spielmöglichkeiten. Wie man das macht, erfahren Sie auf den nächsten Seiten.

Fesselspiele

Ich kenne viele Frauen, die es lieben, von ihrem Partner gefesselt zu werden. Bei einer richtig guten Bondage können Sie sich nicht mehr selbstständig bewegen, und das kann ein äußerst reizvolles Gefühl sein. Als Sub möchte man sich in der unterlegenen Rolle spüren, möchte dem anderen hilflos ausgeliefert sein … und wenn man bewegungsunfähig ist, dann kann das ein erregendes Kribbeln auslösen. Manche Menschen bekommen allerdings eher Panikattacken, denn der Kontrollverlust kann auch als extrem unangenehm empfunden werden. Auf alle Fälle wird es spannend, wenn Sie sich mit Fesselungen beschäftigen, und es wird Ihnen neue Grenzen aufzeigen. Bondage ist ein wichtiger Teil von SM, aber auch nicht ungefährlich. »So ein paar Knoten, was ist da schon dabei«, denken Sie sich vielleicht. Aber man muss sehr genau wissen, was man tut, sonst kann es zu Unfällen kommen. Man sollte auf alle Fälle eine Chirurgenschere zur Hand haben, um notfalls die Seile durchschneiden zu können.

Ich wollte vor einigen Jahren unbedingt eine professionelle Hänge-Bondage ausprobieren und wandte mich an einen bekannten Bondage-Meister, der sich bereit erklärte, mit mir diese Fesselung durchzuführen. Ich fühlte mich bei ihm sicher und vertraute ihm. Zunächst wurden meine Hände hinter dem Rücken verschnürt und wir machten auch Fotos in allen möglichen Positionen. Es wird ja nicht sofort der ganze Körper bewegungsunfähig gemacht, sondern es ist spannend, wenn einem beispielsweise anfangs nur »die Hände gebunden sind«. Man kann sich nicht mehr abstützen, bewegt sich anders und fühlt sich hilfloser. Dafür werden die Beine aktiver eingesetzt.

»Ist alles gut?«, fragte mich der Bondage-Meister immer wieder zwischendrin, bevor er mir auch die Beine und Füße hinter dem Rücken verschnürte. »Ja, alles bestens«, antwortete ich und gab mich dem unbekannten Rausch hin, der von mir Besitz ergriff. So ein Gefühl hatte ich bis dahin noch nicht gekannt. Ich konnte mich immer weniger bewegen und fühlte mich trotzdem immer freier und ekstatischer. Wir hatten keinen Sex miteinander, aber es war trotzdem erotisch.

Bondage erfordert höchste Konzentration und ist in Japan eine hohe Kunstform. Es entstand zwischen uns eine enorme Intimität, die mich fliegen ließ.

»Wirst du mich dann auch an die Decke hängen?«, fragte ich ungeduldig.

»Das habe ich vor. Aber zunächst mal will ich noch ein paar Fotos von dir machen, wie du so hilflos vor mir kniest«, sagte er. Unser erotisches Spiel dauerte eine ganze Weile. Ich fühlte mich großartig.

»Bist du bereit, dass ich dich jetzt schweben lasse?«, fragte mich der Meister. Ich war bereits völlig abgehoben und zu so ziemlich allem bereit. An mehreren Schnüren, die unter meinem Bauch und Rücken zusammengebunden waren, wurde ich in die Luft gezogen und fühlte mich so frei wie ein Vogel. Ich drehte mich in der Luft, völlig schwerelos. Aber dann kippte meine Stimmung unvermittelt.

»Irgendetwas stimmt nicht mit mir«, sagte ich plötzlich. »Ich glaube mir reicht es jetzt.«

Die leichte Panik in meiner Stimme ließ den Bondage-Meister aufhorchen. »Alles klar, ich binde dich sofort los«, beruhigte er mich »Mach dir keine Sorgen, du bist gleich wieder frei.«

Es dauerte wirklich nicht lange, bis er mich vorsichtig wieder losgebunden hatte, und bei den vielen Knoten war es ein Wunder, wie schnell das ging. Bei diesem Spiel war ich wie gesagt in besten Händen – auch Sie sollten darauf achten! Informieren Sie sich gut und besuchen Sie am besten einen Workshop, bevor Sie sich an komplizierte Fesselungen wagen.

Mit einem Tuch oder Seil und einfachen Knoten können Sie natürlich Hände und Beine Ihres Partners problemlos fesseln. Wenn Sie darauf achten, dass zwischen dem Gelenk und dem Seil immer noch eine Daumenbreite Spielraum ist, kann nicht viel passieren.

Aber Sie können Ihren Sub auch mit Tüchern, Handschellen, Lederfesseln oder Bondagetape fixieren, und besonders witzig finde ich auch eine Fesselung mit Haushaltsfolie. Bringen Sie Ihren Sub in eine interessante Position. Auf allen vieren, den Po nach oben gereckt, finde ich beispielsweise sehr ansprechend. Beginnen Sie die Folie zunächst eng um die Beine, dann über den Po und den Rücken zu rollen und am Ende fixieren Sie auch die Arme. Das Gesicht lassen Sie jedoch besser frei: Sub muss ja schließlich gefahrlos atmen können!

Besonders interessant ist es, wenn Dom anschließend mit dem Finger kleine Löcher in die Folie bohrt, sodass er Zugang hat zu den Körperöffnungen und sich nach Herzenslust an Sub vergehen kann. Der kommt nach einer Weile unter der Folie wohl ohnehin ins Schwitzen ...

Eingesperrt sein

Als Kind fand ich das Märchen von Hänsel und Gretel immer besonders schaurig schön. Die Vorstellung, von der bösen Hexe eingesperrt zu werden, machte mir Angst und regte gleichzeitig meine Fantasie an.

»Zeig mir, wie dick deine Finger inzwischen geworden sind«, krächzte die alte Hexe, die gern kleine Kinder fraß, und der kluge Hänsel streckte dann jedes Mal ein Knöchelchen statt seines Fingers zwischen den Gitterstäben seines Käfigs nach draußen ...

Ich finde, Märchen haben viele Elemente von SM. Kein Wunder, denn ursprünglich waren die Märchen der Gebrüder Grimm auch nicht für Kinder, sondern für Erwachsene gedacht. Wussten Sie das?

Auf jeden Fall ist es lustig, so etwas auf eine erotische Weise nachzuspielen. Wenn Sub männlich ist, dann könnte er beispielsweise statt eines Knöchelchens einen anderen Körperteil durch die Gitterstäbe seines Käfigs stecken und die böse Hexe hätte sicher ihre Freude daran. Eingesperrt zu sein, kann unterschiedliche Empfindungen hervorrufen: Es erinnert an Gefangenschaft, alte Erzählungen aus dem Krieg oder über Gefängnisse kommen uns dabei in den Sinn und geben damit dem SM-Spiel eine besondere Dramatik. Auch bei dieser Spielvariante gibt es viele Menschen, die es überhaupt nicht ertragen können, eingesperrt zu sein, und dabei in Panik geraten. Deshalb sollte man auch dieses Spiel erst einmal ganz vorsichtig ausprobieren.

Natürlich benötigen Sie dafür einen geeigneten Ort, in alten Kellern finden sich immer noch ab und zu hölzerne Gitterstäbe, durch die man hindurchsehen kann. Aber sehr erotisch ist so ein modriger Keller nicht. Wer total auf dieses Gefühl des Eingeschlossenseins abfährt, sollte sich einen Käfig zulegen. Auf einer Erotik-Messe in Berlin lernte ich einmal einen Designer kennen, der wunderschöne SM-Käfige herstellte. Sie waren echte Schmuckstücke für jede Wohnung – man konnte sie sogar notfalls mit einem Tischtuch zweckentfremden, und auf ihnen Kaffee servieren, falls Oma und Opa mal zu Besuch kamen. Ich wollte unbedingt ausprobieren, wie es sich anfühlte, hinter Gittern zu stecken, also zog ich schnurstracks meine High Heels aus und kletterte hinein.

»Ach, das gibt es doch nicht, die Christine im Käfig. Da, wo sie ja auch hingehört«, ertönte neben mir eine Stimme und ein guter Freund aus Frankfurt zückte sein Handy und machte ein Foto von mir. Innerhalb kurzer Zeit hatte sich um den Käfig eine kleine Menschentraube gebildet, die mich begaffte und Fotos von mir schoss. Da entdeckte ich, wie aufregend es hinter Gittern sein kann. Eingesperrt zu sein, wurde von mir in diesem Augenblick nicht als Bedrohung empfunden, sondern ich entdeckte die andere Facette dieses erotischen Spiels. Auf einmal war ich eine kleine Berühmtheit, bekam ganz viel Aufmerksamkeit und sonnte mich im Blitzlichtgewitter.

Ein Tier im Käfig ist ja auch eine besondere Attraktion und im Zoo bildet sich um einen Tigerkäfig meistens eine schaulustige Menge. Meine innere Göttin entdeckte ihre exhibitionistische Ader – wie Ana in »Fifty Shades of Grey« sagen würde.

Wer sich nicht gleich einen eigenen Käfig zulegen möchte, was ich durchaus nachvollziehen kann, der hat die Chance, sich in einem Klub in einen SM-Käfig einsperren zu lassen. Da gibt es dann auch viele Zuschauer, die gern mal den einen oder anderen Körperteil berühren wollen.

Geheimnisvolle Spiele mit dem Keuschheitsgürtel

Diesen Stahlgurt, der um die Lenden gelegt und zwischen den Beinen mit einem Schloss gesichert wird, bezeichnet man auch als Florentiner Gürtel. Er wurde bereits um 1500 von den Kaufleuten in Italien angewandt, um sich auch bei längeren Geschäftsreisen der Treue der Gemahlin zu versichern. Aber auf satirischen Holzschnitten machte man sich schon damals darüber lustig, wenn ein alter reicher Kaufmann seine junge Ehefrau zu einem Keuschheitsgürtel nötigte. Denn die einfallsreichen Damen fanden immer Mittel und Wege, sich einen Nachschlüssel zu besorgen und sich mit jugendlichen Liebhabern zu vergnügen.

Inzwischen wird dieser Gürtel bei erotischen Rollenspielen eingesetzt und es gibt auch ein Pendant für den Mann, den sogenannten Peniskäfig. Dom ist im Besitz des Schlüssels und es ist ein prickelndes Vergnügen, mit dem Entzug der eigenen Sexualität zu spielen. Alles, was nicht erlaubt ist, wie sich selbst anzufassen und sich Lust zu bereiten, erhöht natürlich den Reiz – und das Verlangen steigt ins Unermessliche.

Im Internet können Sie hochwertige Keuschheitsgürtel bestellen, die teilweise sogar auf Maß angefertigt sind, damit sie richtig sitzen – und natürlich das Objekt der Begierde auch hübsch verpacken.

Was ist der Reiz dabei, wenn man die Kontrolle über die eigene Lust völlig abgibt? Zum einen wird das Machtverhältnis zwischen Dom und Sub dadurch noch verstärkt. Jedes Mal, wenn man auf die Toilette muss, wird man daran erinnert, dass man versklavt ist und noch nicht mal in Ruhe pinkeln darf. Von großen Geschäften mal ganz abgesehen. Ich kenne Paare, die SM auch in den normalen Alltag integriert haben: Da muss Sub dann schon mal mit einem Keuschheitsgürtel ins Büro und es ist natürlich ein prickelndes Gefühl, wenn man einem nichts ahnenden Kollegen gegenübersitzt oder einem Bankkunden, den man zu wichtigen Investitionen berät… SM lebt vom Spiel mit Tabus und Verboten. Wenn man sich als Sub dazu bereit erklärt, einen Keuschheitsgürtel zu tragen, dann ist das natürlich auch ein großer Liebesbeweis, denn man gibt damit auch seine sexuelle Freiheit auf. Gerade in einer Zeit, in der Sexualität so stark in den Medien zur Schau gestellt wird, haben viele Menschen schon gar keine Lust mehr auf Sex. Wenn Erotik dann in dieser Weise reglementiert wird, kann das sehr reizvoll sein.

Nette Accessoires, die Lust bereiten

Für SM-Sessions benötigen Sie natürlich auch die entsprechenden Spielzeuge und die müssen gar nicht immer teuer sein. Einige gute Accessoires finden sich sehr wahrscheinlich in Ihrer Wohnung – schauen wir uns da mal um!

Was man mit Küchenutensilien
alles anstellen kann

Falls Sie Lust bekommen haben, mit SM zu experimentieren, fragen Sie sich nun vielleicht, wo Sie all die Zutaten erhalten können, um sich an härterem Sex zu erfreuen. Natürlich bietet sich dafür vor allem das Internet an: völlig anonym können Sie bei Ebay einen Gynäkologenstuhl zum Schnäppchenpreis erstehen, auch Peitschen finden sich im Angebot. Es gibt Analplugs in der Luxusvariante mit edlen Swarovski-Steinen verziert und Peitschen aus echtem Rosshaar.

Wer seine SM-Spielzeuge gern vor dem Kauf einmal in den Händen halten möchte, der findet in Sexshops eine große Auswahl. In vielen deutschen Großstädten gibt es exklusive Erotik-Boutiquen speziell für Frauen und Paare – seit der Eröffnung der ersten Beate-Uhse-Shops in den Sechzigerjahren hat sich viel getan! Jetzt muss man als Frau nicht mehr verschämt an älteren Herren in Trenchcoats vorbeischleichen, um nach Spielzeugen und Pornos Ausschau zu halten, sondern Erotik-Shoppen ist zu einem sinnlichen Vergnügen geworden. Wenn Sie sich als Frau nicht allein trauen, in einen Sexshop zu gehen, dann bitten Sie eine Freundin, Sie bei der Wahl der richtigen Peitsche zu beraten. Oder noch besser: Sie fragen Ihren Partner. Ein Besuch in einem edlen Erotik-Geschäft wirkt sich bestimmt auch anregend auf Ihre Beziehung aus.

Aber SM-Spielzeuge müssen nicht unbedingt immer teuer sein. Selbst in Ihrer eigenen Küche werden Sie viel Nützliches entdecken. In jedem Haushalt gibt es zum Beispiel Messer. Mit dem kalten Metall kann man wunderbar über die Haut streichen und dem Liebsten eine Gänsehaut bescheren. Mit Gabeln kann man ganz fies piksen – und Schaschlikspieße eignen sich hervorragend für die Fußfolter. Wer sagt denn, dass man mit einer Küchenrolle nur Plätzchenteig auswalken kann?

War Sub ungehorsam, darf er vielleicht außerdem ein wenig Pfeffer verkosten. Und auch ein in Essig getränkter Schwamm riecht so streng, wie er schmeckt. »Salz auf meiner Haut« ist nicht nur der Name eines romantischen Romans, sondern darf durchaus ernst genommen werden: Sub wird um Gnade flehen, wenn er Ihre salzigen Hände sauber lecken muss.

Auch Kochlöffel lassen sich nicht nur zum Umrühren der Suppe verwenden, sondern eignen sich darüber hinaus ausgezeichnet als »Folterinstrument«, um einem ungehörigen Sub den Po zu versohlen. Mit einer Spaghetti-Zange kann man nicht nur nach der Pasta greifen, sondern damit lässt sich die Haut in die Länge ziehen. Dieser Dehnungsschmerz kann sehr interessant und stimulierend wirken.

Mit einfacher Haushaltsfolie lassen sich kreative Fesselungen durchführen (siehe Seite 90) und man kann seinen Partner in erotischen Positionen fixieren, zum Beispiel mit weit gespreizten Beinen auf dem Stuhl. Umwickeln Sie dabei die Beine Ihres Partners so, dass sie direkt an die Stuhlbeine gefesselt sind, der Oberkörper wird zusammen mit der Stuhllehne umwickelt. Später dürfen Sie mit dem Finger kleine Löcher an den Stellen bohren, die Sie gern befühlen möchten. Es ist die Mischung aus hilflos festgebunden und ausgestellt zu sein, die ich dabei besonders reizvoll finde.

Aus Silberfolie können Sie eine interessante Augenmaske basteln, die Ihr Aussehen verändert: Plötzlich steht Ihr Partner einer fremden und anonymen Person gegenüber. Gerade wenn man sich im Alltag zu gut kennt, ist es spannend, das eigene Aussehen zu verändern. Schauen Sie sich in Ihrer Küche um – bestimmt werden Ihnen noch viele Möglichkeiten einfallen, demnächst Ihren Partner zu überraschen!

Auch im Baumarkt wird man fündig

Nicht nur in der Küche, sondern auch im Baumarkt können Sie sich nach geeigneten SM-Objekten umsehen: Es gibt dort eine große Auswahl an Seilen, Ketten, Karabinern, Vorhängeschlössern und vielen anderen Dingen, die sich für Fesselspiele eignen. Es gibt Seile aus Kunstfaser – einige SM-begeisterte Leute aus meinem Bekanntenkreis schwören darauf. Im Allgemeinen werden aber eher Seile aus Naturfaser wie beispielsweise Jute oder Hanf verwendet.

Falls Sie jedoch ein Naturfaserseil im Baumarkt kaufen, müssen Sie es noch einer speziellen Behandlung unterziehen, um es weicher und geschmeidiger zu machen: Zuerst kochen Sie das Seil etwa 20 Minuten lang ab oder waschen es ohne Weichspüler in der Waschmaschine. Anschließend spannen Sie das Seil und hängen es einige Tage zum Trocknen auf. Danach müssen die abstehenden Fasern mit einem Gasbrenner abgesengt werden. Achten Sie dabei bitte darauf, dass Sie das Zimmer gut durchlüften. Wenn Sie das Seil vom Ruß gesäubert haben, reiben Sie es noch mit Öl ein, damit es geschmeidig wird. Dafür können Sie ein beliebiges Körperöl oder ein Duftöl verwenden. Sub wird es Ihnen danken! Wem diese Prozedur zu aufwendig ist, der bestellt die Seile am besten bei einem Spezialversand, der die Bearbeitung der Naturfaser bereits für Sie erledigt hat. Aber es ist natürlich ein sehr schönes Gefühl, wenn Sie viel Energie in Ihre Seile gesteckt haben – diese bekommen so eine persönliche Note und werden noch bedeutungsvoller für Ihr erotisches Spiel.

Wer handwerklich geschickt ist, kann sich sogar einen Käfig oder ein kleines Verlies basteln, das kann ein reizvolles Accessoire für erotische Spielideen sein. Sie können auch verschiedene Möbelstücke entwerfen, auf denen Sub knien muss oder festgeschnallt wird. Vielleicht haben Sie auch einen ganz speziellen Fetisch, für den Sie eine geeignete Kulisse benötigen. Vor einigen Jahren durfte ich mir einmal ein Dominastudio ansehen. Die Dame des Hauses erklärte mir, dass viele der Männer, die zu ihr kommen, es lieben, in einem Sarg eingeschlossen zu sein. Das konnte ich mir zwar nicht so recht vorstellen, aber die Geschmäcker sind eben verschieden und je mehr man sich traut, die eigenen Fantasien zu erkunden, desto aufregender wird das Sexleben.

Wenn Sie zu einem Baumarkt fahren, dann ist vielleicht auch eine Zoohandlung in der Nähe und auch dort sollten Sie sich umsehen. Es gibt dort eine große Auswahl an Hundehalsbändern, und zwar um einiges günstiger als im SM-Shop. Auch Fressnäpfe finden Sie dort in allen Farben und Ausführungen. Vor allem wenn Sie sich mit Pet-Play beschäftigen, werden Sie in diesen Läden alles finden, was Ihr Herz begehrt.

Lederfesseln, Handschellen und Seidentücher

Nicht jeder ist handwerklich so geschickt, um sich lustvolle Folterinstrumente selbst zu basteln, und deshalb gibt es eine große Zahl von exklusiven Sexshops oder auch den Online-Versandhandel (einige Tipps dazu siehe Anhang ab Seite 176). Der Vorteil besteht darin, dass Ihnen dort eine große Auswahl an Produkten zur Verfügung steht. Wunderschön finde ich persönlich gepolsterte Lederfesseln, die es in allen Farben gibt und die nicht nur zur Fixierung geeignet sind, sondern gleichzeitig auch schön verpacken – und vor allem für Einsteiger ist es angenehm, wenn die Fesselung nicht so schmerzhaft ist.

Es ist Geschmackssache, ob man für die Fesselung lieber Seidentücher, Handschellen, Lederfesseln oder Seile benutzt. Ich finde es spannend, mehrere Möglichkeiten auszuprobieren und dann je nach Spielvariante entsprechend einzusetzen. Wer ein erotisches Verhör inszenieren will, der sollte natürlich eher zu nüchternen Handschellen greifen, als zu einem sinnlichen Seidentuch. Wer gern mit Seilen spielt, sich aber eine komplizierte Bondage nicht zutraut, der kann mit den sogenannten Rosenfesseln spielen. Das sind bereits geformte Seile, die sich einfach handhaben lassen und mit denen man leicht Arme oder Füße fesseln kann. Die Fesselung sieht hübsch aus und als Sub hat man das Gefühl, dass man ein Seil trägt.

Welche Art von Fesselung für Sie geeignet ist, hängt vom jeweiligen Spiel ab und davon, welche Gefühle dabei erzeugt werden sollen. Möchten Sie eine sinnliche Fesselung oder soll es hart und unpersönlich sein? Soll Sub sich wie ein Leibeigener im Mittelalter fühlen oder soll er sich vorstellen, dass er auf einem ägyptischen Sklavenmarkt verkauft wird? Spielt Ihre erotische Fantasie in einem exklusiven Herrenhaus oder in einem schaurigen Verlies?

Metall fühlt sich auf der Haut anders an als Seide oder Hanf. Je mehr Sie in das erotische SM-Spiel einsteigen, desto erfinderischer werden Sie sicher, was die Wahl und Einsatzmöglichkeiten der verschiedenen Materialien angeht.

Schlagwerkzeuge: Peitschen, Reitgerten und Paddel

Viele Menschen verbinden mit SM die Vorstellung, mit einer Peitsche geschlagen zu werden. In der Tat ist das eine wunderbare Möglichkeit, lustvollen Schmerz zu erzeugen. Wer sich zum ersten Mal in einem Erotik-Shop umsieht, fühlt sich vielleicht ein wenig überfordert mit der Vielzahl von Schlaginstrumenten. Da gibt es lange und kurze Lederpeitschen, merkwürdige kurze Klatschen, die sogenannten Paddel, und auch eine große Auswahl an Reitgerten und Rohrstöcken. Welches Schlaginstrument für Sie am besten geeignet ist, finden Sie durch Ausprobieren heraus. Wie bei den Fesselungen kommt es vor allem auch darauf an, welche erotischen Fantasien Sie verwirklichen wollen.

Wenn unartige »Schulmädchen« (oder »Schulbuben«) erzogen werden sollen, eignet sich dafür natürlich am besten ein Rohrstock. Er erzeugt einen harten Schlag, Sie sollten vorsichtig damit umgehen.

Auch Reitgerten können für Erziehungsspiele verwendet werden, denn damit verbindet sich fast automatisch Pferdedressur und der Schmerz ist vor allem an einer bestimmten Körperstelle wahrzunehmen. Anders ist es bei Lederpeitschen, wenn man diese einsetzt, verteilt sich der Schmerz über eine größere Körperfläche. Deshalb wird dieser Sinnesreiz oft als sanfter erlebt und ist gerade für Anfänger gut geeignet.

Peitschen sind vielseitig: Man kann mit ihnen sanft über den Rücken streichen – oder auch mit dem Peitschenknauf spielen. Wenn Sie eine Peitsche benutzen, sollten Sie immer die Vorstellung haben, dass dieses Objekt eine Verlängerung Ihres Arms ist. Der Schlag, den Sie sonst mit Ihrer Hand ausführen, wird nun mithilfe eines Objekts übertragen und damit verändert sich der Schmerz, der dadurch ausgelöst wird. Probieren Sie verschiedene Schlaginstrumente aus und versuchen Sie anschließend, genau den Schmerz in Worte zu fassen, vielleicht sogar aufzuschreiben. Je mehr Sie mit den verschiedenen Möglichkeiten von Lustschmerz vertraut werden, desto größer wird Ihr erotisches SM-Repertoire werden.

Klammern, Nadeln und Piercings

Mit ganz normalen Wäscheklammern kann man wunderbare Sinnesreize auslösen. Machen Sie ein kleines Ritual daraus und setzen Sie sich einander nackt gegenüber. Jeder von Ihnen hat fünf Wäscheklammern und nacheinander dürfen Sie einen guten Platz am Körper des anderen finden, an dem Sie die Klammern befestigen. Relativ wenig Schmerz löst eine Klammer zum Beispiel am Oberarm aus, aber bereits einige Zentimeter weiter, am Unterarm, tut es mitunter bereits höllisch weh. Auch die Brustwarzen und Genitalien sind recht empfindsam. Im Gesicht Klammern zu setzen ist ein ungewohntes Gefühl. An dieser Stelle kommt dann zum Schmerz auch noch das Gefühl der Scham hinzu, weil man sich dort auch schnell entstellt fühlt. Beim SM geht es um neue und intensive Gefühle und deshalb dürfen Sie gern mit Ihrem Partner experimentieren, Sie können einander auch an ungewöhnlichen Körperstellen reizen.

Wenn Ihnen der Schmerz, den die Wäscheklammern aus Holz auslösen, nicht intensiv genug ist, können Sie sich in Erotik-Fachgeschäften auch Klammern aus Stahl kaufen. Einige dieser Klammern lassen sich sogar mit Schraubverschluss verstellen, sodass man das Schmerzempfinden sehr genau dosieren kann.

Und vielleicht darf's dann bald ein wenig mehr sein? In der SM-Szene ist auch das »Nadeln« eine beliebte Technik, bei der ein punktueller Schmerz zugefügt wird, der an den richtigen Stellen ziemlich heftig sein kann. Bei diesen Spielen, die unter die Haut gehen, sollten Sie besonders auf Sicherheit achten und sterile Injektionsnadeln verwenden, die es in verschiedenen Stärken gibt. Außerdem benötigen Sie medizinische Handschuhe aus der Apotheke und Desinfektionsmittel. Sprühen Sie etwas Desinfektionsmittel auf die Hautfläche, die Sie nadeln möchten, und nach kurzer Einwirkzeit können Sie eine Hautfalte bilden und eine Nadel vorsichtig, aber zügig durch die Haut stechen. Achten Sie darauf, dass keine Adern getroffen werden, sonst gibt es unangenehme Blutergüsse. Der Genitalbereich ist für Anfänger absolut tabu.

Sie können mit den Nadeln auch wunderschöne Muster auf den Körper zaubern und ich habe auch SM-Vorführungen gesehen, die fast an Kunst grenzten.

Wer sich dauerhaften Silberschmuck am Körper wünscht, der wird sich mit einem Piercing wohlfühlen. Dabei geht es weniger um den Lustschmerz als um das dekorative Element eines ausgefallenen Körperschmucks. Den Verlobungsring kann man beispielsweise auch an den Schamlippen tragen: Es fühlt sich auch interessant an, wenn beim Küssen die Zunge einen Silberknopf ertastet. Für den Anfang ist ein Piercing am Ohr geeignet, aber richtigen Piercing-Fans wird das bald zu langweilig. Inzwischen gibt es sehr ausgefallene Schmuckteile, die man am Körper tragen kann, und man darf zwischen den verschiedensten Edelmetallen auswählen, so gibt es Intimschmuck aus Silber, Gold, Chirurgenstahl oder Titan. Wer es ausgefallen mag, lässt sich einen silbernen Vibrator in die Zunge stechen, und jeder Mann, der damit Frauen verwöhnt, wird sich vor verlockenden Angeboten nicht mehr retten können. Für Scherzkekse gibt es blinkende Schmuckstücke, die im Dunkeln leuchten und damit ist man im Darkroom immer auf der sicheren Seite und wird bestimmt nicht übersehen. Ist der Liebste mal wieder auf Geschäftsreise, könnte seine Frau ihm zum Beispiel ein abschließbares Schloss durch den Penis stechen lassen. Damit geht er bestimmt nicht fremd.

Piercing muss man mögen – auf alle Fälle sollte es von einer professionellen Person ausgeführt werden.

Die Kunst der Verkleidung

Damit Sie sich in Ihre Rolle als Sub oder Dom noch besser einfinden, können Sie sich die passende Kleidung zulegen. Finden Sie den Stil, der am besten zu Ihnen und Ihrer besonderen Stimmung passt.

Verführung durch Leder, Latex und Gummi

Ich finde es sehr aufregend, mit unterschiedlichen Materialien zu spielen, die in mir verschiedene Gefühle auslösen. Wenn Sie Lust auf Experimente haben, dann können Sie sich in einem Erotik-Geschäft beraten lassen und verschiedene Kleidungsstücke aus unterschiedlichen Materialien anprobieren, wie zum Beispiel Leder, Latex oder Gummi.

Es haben übrigens nicht alle SM-Fans ein Faible für diese Kleidung – und andere Menschen wiederum haben durchaus eine Schwäche für Lack und Leder, ohne sich deshalb für SM zu interessieren.

Durch Materialien werden in uns verschiedene Erinnerungen geweckt, die für ein aufregendes SM-Spiel genutzt werden können. Leder hat für mich etwas mit Macht und Dominanz zu tun und ich assoziiere dabei schwere Jungs in Lederjacken, die unheimlich stark und männlich sind. Lack und Latex hat für mich etwas Unnahbares und wenn ich ein eng anliegendes Latexkleid trage, dann unterstreicht das für mein Gefühl meine Rolle als dominante Frau in einem erotischen Spiel.

Wenn meine Finger über die glatte Oberfläche streichen, dann fühle ich mich kühl und distanziert. Ich bin dann eine strenge Lehrerin, bei der man besser brav und gehorsam ist, sonst ...

Kleidung aus Gummi ruft in mir wieder ganz andere Gefühle hervor, sie erinnert mich eher an Klinik und Operationssaal.

Sie können übrigens auch einfach ein großes Stück Latex kaufen und sich darin von Ihrem Partner nackt einwickeln lassen. Lassen Sie sich mit allen Sinnen verführen: Wie riecht das Material? Wie fühlt es sich auf Ihrer Haut an? Welche Gefühle entstehen dabei in Ihnen? Viel Spaß auf dieser aufregenden Reise in die Welt der ausgefallenen Materialien.

Der Reiz von Uniformen

Ich hatte mal einen Freund, der als Feuerwehrmann gearbeitet hat, und ich fand es äußerst erregend, wenn er mich in seiner Uniform besuchte. Schon wenn ich die Tür öffnete und ihn ganz offiziell in seiner Rolle als Lebensretter vor mir stehen sah, gab mir das einen Kick und entfachte ein leidenschaftliches Feuer in mir. Es gelang ihm mühelos, diese Flammen der Lust mit seinem prall gefüllten Schlauch zu löschen, und ich erinnere mich auch heute noch gern an seine Rettungseinsätze.

Durch Uniformen werden wir zu anderen Menschen. Nicht unbedingt zu besseren Menschen, aber zu anderen. Wer erotische Rollenspiele liebt, der hat oft auch einen Hang zu Uniformen. Wer Uniform trägt, der ist in einer amtlichen Rolle, wirkt distanziert und wir verbinden damit Autorität. Durch eine Uniform werden wir zu einer Person, die einer höheren Sache dient, etwa dem Staat, oder die in einer beruflichen Aufgabe oder gar einer Mission unterwegs ist – und es hat etwas Ungehöriges, wenn diese Person dann intim wird mit uns. Nicht umsonst wurde der Film mit Jack Nicholson: »Wenn der Postmann zweimal klingelt« zum Kassenhit, denn hier wird genau mit diesem Tabu gespielt.

Sie mögen keine Briefträger? Wie wäre es mit einem sexy italienischen Pizzaboten, der nichts anbrennen lässt? Oder wenn Herr Doktor zur Untersuchung ruft – dazu können Sie bestimmt nicht Nein sagen? Die aufreizende Krankenschwester ist immer noch eine beliebte Männerfantasie, dicht gefolgt von der freundlich-distanzierten Stewardess.

Wenn Frauen ihre Männer auf Hochtouren bringen wollen, dann sollen sie ihrem Schatz das Abendessen demnächst auf einem Servierwägelchen servieren. Wenn sie ihn anschließend dann noch augenzwinkernd fragen: »Haben Sie sonst noch einen Wunsch, Sir?«, werden Sie an diesem Abend sicher gemeinsam abheben. Willkommen im Mile-High-Club!

Spiele mit Masken

Masken verändern unsere Persönlichkeit und das kann für das Liebesspiel sehr reizvoll sein. Sicher kennen Sie den Film mit Tom Cruise und Nicole Kidman »Eyes Wide Shut«, bei dem sich geladene Gäste in einem edlen Schloss sexuell miteinander vergnügen und dabei alle eine Maske tragen. Es gibt in der Erotik-Szene Anbieter, die dieses Szenario nachspielen und zu einem frivolen Abend in einem speziellen Klub einladen.

Ich war vor einigen Jahren selbst einmal bei einem solchen Event. Bereits am Eingang wurde uns eine schwarze Augenmaske gereicht. Die Männer bekamen außerdem einen schwarzen Umhang, die Frauen sollten möglichst viel Haut zeigen. Es war ungewohnt, so anonym durch die verschiedenen Räume des Klubs zu lustwandeln.

Alles, was vom realen Alltagserlebnis abweicht, kann erotische Fantasien stimulieren. Nachdem wir uns mit einem Glas Sekt etwas Mut angetrunken hatten, wurden wir gebeten, uns in einem großen Raum zu versammeln, und der Gastgeber, der eine venezianische Maske trug, wählte aus den anwesenden Damen acht »Jungfrauen« aus, die ihm folgen mussten. Ich war eine dieser »Auserwählten« und es war ein seltsames Gefühl, von einem unbekannten Menschen dominiert zu werden. Es war vorher nicht abgesprochen, dass wir bei einer besonderen Vorführung mitmachen sollten, und so ergab sich daraus ein spontanes Abenteuer. Wir wurden nämlich anschließend nacheinander wieder in den Raum geführt und mussten uns in einem Kreis auf Sitzkissen knien, bis unser »venezianischer Meister« mit jeder von uns ein wenig »spielte«. Er berührte uns im Gesicht, strich uns über den Po, wir mussten seine Hand küssen ...

Die restlichen Gäste waren schweigend um unseren Kreis versammelt und schauten zu. Es waren nur kleine Aufgaben, die er jeder Dame abverlangte, aber in diesem geheimnisvollen Rahmen wirkten auch winzige Berührungen aufregend, vor allem da wir alle so anonym waren. Hinter einer Maske versteckt zu sein, erlaubt es uns, Dinge zu tun, die wir im wirklichen Leben niemals machen würden. Es erleichtert uns den Zugang zu unseren erotischen Fantasien und gibt uns die Möglichkeit, sie ungehemmt auszuleben.

Außer diesen Augenmasken gibt es natürlich noch eine Vielzahl von anderen Masken, die speziell im BDSM-Bereich für aufregende Spiele sorgen können. Wie bereits an anderer Stelle erwähnt, gibt es für Tierliebhaber darüber hinaus eine große Auswahl an Hunde- oder Ponymasken aus Latex, die Ihnen dazu verhelfen, sich beim Pet-Play noch mehr mit der ausgewählten Rolle zu identifizieren.

Sie können sich selbstverständlich auch als Katze, Ente, Schwein oder Eule verkleiden, wenn Ihnen der Sinn danach steht. Andere Ganzgesichtsmasken aus Latex oder Gummi »entmenschlichen« die damit maskierte Person ein Stück weit, denn wenn unser Gesicht komplett verschwunden ist, dann geben wir einen Teil unserer Persönlichkeit auf und das kann das Gefühl der Unterwerfung noch steigern.

Korsettabende

Die Ursprünge des Korsetts wurden interessanterweise schon bei einer auf Kreta ausgegrabenen kleinen Statue der Schlangengöttin gefunden. Das heißt, schon etwa 2000 Jahre vor Christi Geburt gab es ein weibliches Schönheitsideal, bei dem die Brüste betont wurden und wahrscheinlich als Zeichen der Fruchtbarkeit zur Schau gestellt werden sollten.

Während in Europa während des Mittelalters noch wohlgerundete Bäuche und Brüste das gängige Schönheitsideal prägten, änderte sich das schlagartig in der Renaissance. Am spanischen Königshof wurden Frauen in enge Korsetts gepresst. Diese waren so geschnitten, dass sie die Frauen zu androgynen Geschöpfen formten, Brüste und Po wurden eingezwängt und versteckt. Sogar Männer ließen sich in spezielle Korsetts zwängen, um ihre männlichen Formen zu betonen. Ab dem Biedermeier, also etwa um 1820, waren dann wieder solche Korsetts im Trend, die die weiblichen Körperformen in den Vordergrund stellten: Das feste, geschnürte Unterkleid sollte wieder die weiblichen Rundungen hervorheben. Eine sogenannte Wespentaille wurde angestrebt – und einige Todesfälle bei jungen Frauen sollen auf eine zu ehrgeizig geschnürte Taille zurückzuführen sein.

Heute gilt das Korsett als ein besonderer Erotik-Fetisch. Es gibt dieses formende Kleidungsstück in verschiedenen Farben und Ausführungen. Ich persönlich finde es wunderschön, wenn ich Frauen im Korsett vor mir sehe. Die Brüste werden schamlos nach oben gedrückt und laden zum Anfassen ein, die überschlanke Taille verleiht jeder Frau einen Hauch von Glamour. Ich selbst bekomme allerdings schon Atemnot und Beklemmungen, wenn ich mir ein Korsett nur anhalte, noch bevor es überhaupt geschnürt ist. Eine meiner Freundinnen, die auch eine spezielle Bar führt, hat eine große Schwäche für Korsetts.

»Was ist denn der besondere Reiz für dich, wenn du ein Korsett trägst?«, wollte ich neugierig wissen.

»Ach, das lässt sich in Worten kaum ausdrücken«, schwärmte sie und dabei leuchteten ihre Augen. »Wenn ich ein Korsett so richtig eng schnüre, dann habe ich das Gefühl zu schweben. Dann fühle ich mich elegant und schwerelos.«

»Kommt das nicht in erster Linie von der mangelnden Sauerstoffzufuhr?«, fragte ich nüchtern nach.

»Ja, natürlich hängt das damit auch zusammen, aber das ist ja genau dieses tolle Gefühl, das ich so liebe.«

Immer wenn Marion mit ihrem eng geschnürten Korsett durch das Lokal schwebt, drehen sich vor allem die Männerköpfe lüstern nach ihr um. Sie genießt es, von bewundernden Blicken verfolgt zu werden, und diese Begierde, die sie auslöst, gibt ihr auch ein Gefühl von Macht und Dominanz.

Damit sind wir auch schon wieder bei unserem Thema: SM für Neugierige. Verführen Sie Ihre »Opfer« mit einem unwiderstehlichen Outfit, und sie werden Ihnen zu Füßen liegen. In einigen speziellen Bars finden übrigens auch regelmäßig Korsettabende statt, auf denen man seinen besonderen Fetisch vorführen darf und sich bewundern lassen kann.

Nichts geht über nackte Haut

Zum Schluss noch ein paar Gedanken über das natürlichste Kostüm der Welt: nackte Haut. Kleider geben uns Schutz vor Kälte, ein Stück weit können wir uns hinter Kleidern auch verstecken und uns von anderen abgrenzen. Wenn wir jemanden dazu bringen, sich seiner Kleider zu entledigen, dann nehmen wir ihm seinen Schutz, machen ihn hilflos und bringen ihn in eine unterlegene Position. Das lässt sich natürlich prima einsetzen, wenn wir einen widerspenstigen Sub in seine Schranken weisen wollen. Auf einer Play-Party habe ich einmal mit einer hübschen jungen Frau gespielt, die ein einfaches Sommerkleid trug. Als ich ihr auftrug, sich vor mich zu knien und zu meiner eigenen Belustigung ein Bein in die Luft zu strecken, bemerkte ich, dass sie kein Höschen trug. Sicher ist es reizvoll zu wissen, dass man selbst ein wenig ungehorsam ist und keine Unterwäsche trägt. Aber es ist noch eine andere Sache, wenn man dazu genötigt wird, sich auch vor allen anderen Personen im Raum zur Schau zu stellen und die eigene Möse begutachten zu lassen. Als ich bemerkte, dass die junge Dame offensichtlich »vergessen« hatte, einen Slip zu tragen, schlug ich den Rock ihres Sommerkleidchens nach oben, sodass ihr Po freigelegt wurde und sie sich in dieser erniedrigenden Position zur Schau stellen musste. Sie erzählte mir später, dass das für sie ein sehr demütigender Moment, aber gleichzeitig auch ein erregendes Gefühl gewesen war.

Es gibt viele Möglichkeiten, wie Sie das Thema Nacktheit so inszenieren können, dass daraus eine erotische Geschichte entsteht. Besonders reizvoll finde ich es persönlich, wenn Sie Sub langsam entkleiden oder ihn zwingen, bestimmte Positionen einzunehmen, sodass er halb entblößt vor Ihnen stehen, knien oder liegen muss.

Mit Blicken können Sie in solchen Inszenierungen fabelhaft spielen – und damit oft mehr aussagen als mit Worten. Wenn Sie über jemandem stehen, dann schauen Sie buchstäblich »auf ihn herab« und demonstrieren damit Ihre Überlegenheit. Sie können jemanden auch mit Blicken ausziehen, noch bevor Sie überhaupt Hand angelegt haben. Ihre Blicke können begehrlich sein, aber auch abwertend und verletzend.

Ich finde es immer reizvoll, mit einer Mischung aus Lob und Tadel zu spielen: »Mhmm, hübsch sehen deine Brüste aus. Aber das gehört sich jetzt wirklich nicht, dass du das geil findest, so unverschämt nackt vor mir zu stehen. Ich glaube, du musst zur Strafe jetzt mal kurz auf den Balkon, um dich abzukühlen. Dass die Nachbarn dich dabei eventuell sehen können … nun, dafür kann ich ja nichts!«

Besonders reizvoll wird das erotische Spiel mit der Nacktheit natürlich dann, wenn man sich vor Menschen präsentieren muss, die man nicht kennt. Das ist unverschämt schamlos und erregend zugleich! Wer sich in der Öffentlichkeit gern nackt zeigt oder es mag, den Partner nackt vorzuführen, muss natürlich aufpassen, dass er nicht wegen Erregung öffentlichen Ärgernisses bestraft wird. In einer Fernsehreportage zum Thema Outdoor-Sex, also Sex im Freien, wurde ein Paar interviewt, das sich gern erotisch in Parks und auf Straßen fotografieren ließ. Es war für beide ein ganz besonderer Kick, wenn die Frau sich in extremen Positionen zeigen durfte, auch schon mal halb nackt und ohne Höschen, ohne dabei die Grenzen des Anstands zu weit zu übertreten. Ein paar alte Omis drehten sich interessiert nach den beiden um: Wahrscheinlich war dieses erotische Erlebnis für sie das Highlight des Seniorenausflugs.

Und natürlich hat das Spiel mit Nacktheit auch ganz praktische Vorteile, denn wenn Sie in einen SM-Klub gehen wollen und keine Ahnung haben, was Sie anziehen sollen, oder auch schlicht kein Geld für teure Klamotten ausgeben möchten: Nacktheit ist der größte Fetisch – nackt kommen Sie überall rein.

Viel Spaß beim Spiel mit erotischen Grenzerfahrungen und wenn Sie erst einmal damit begonnen haben, Ihre Sexualität mit neuen Augen zu betrachten, dann wird Ihnen im Bett niemals mehr langweilig werden.

Gefährliche Liebe

Rollenspiele mit Dominanz und Hingabe

Auf den folgenden Seiten erfahren Sie, wie Sie ein erotisches Rollenspiel aufbauen können und worauf Sie dabei achten sollten. Sie werden auch von meinen eigenen SM-Erlebnissen lesen und dadurch vielleicht noch neue Anregungen erhalten.

So trainieren Sie Ihre Dominanz

Auf Anhieb dominant zu sein, ist nicht jedermanns Sache. Doch Dominanz lässt sich durchaus trainieren. Also: Selbst wenn Sie eher schüchtern sind, sollten Sie die Hoffnung nicht aufgeben.

Was heißt es überhaupt, wenn man die dominante Rolle in einem erotischen Spiel übernimmt? Als Dom darf man kreativ sein, man sollte bereit sein, Verantwortung zu übernehmen, man muss die eigenen Grenzen gut kennen und auch ein sicheres Gespür dafür haben, wo die Grenzen des Partners liegen. Ein Dom darf schließlich die Anweisungen geben, was Sub zu tun hat.

Ich werde öfter von meinen Klienten gefragt, ob diese »Befehle« so ausgewählt werden sollen, dass sie Sub Freude machen? Oder soll man ihn eher mit unangenehmen Dingen konfrontieren? Man kann beides ausprobieren. Wenn man weiß, dass der devote Partner exhibitionistisch veranlagt ist und sich gern in seiner Nacktheit zeigt, dann wird es ihm sicher gefallen, wenn er vom Dom nackt gefilmt wird. Aber immer nur lieb und nett zu sein, ist für einen Dom auch recht langweilig. Ich finde es deshalb viel spannender, den anderen ein wenig an seine Grenzen zu bringen und von ihm auch immer wieder mal Dinge zu verlangen, die ihm NICHT so leichtfallen. Dann rufe ich in ihm extreme Gefühle hervor, kann ihn in seiner Verletzlichkeit erleben, und dabei entsteht zwischen uns eine erotische Spannung. Wenn man immer nur versucht, der »Sklavin« oder dem »Sklaven« alles recht zu machen, wird das erotische Spiel langweilig.

Meiner Meinung nach gehört es also auch zu einem SM-Rollenspiel, dass man als Dom erotische Befehle anordnet oder Dinge tut, die man selbst erregend findet. Mal so richtig den Macho raushängen zu lassen, kann großen Spaß machen! Dieses Spiel gibt Ihnen die Möglichkeit, Dinge zu tun, die Sie schon immer einmal tun wollten, aber sich noch nie getraut haben: Ihre Freundin soll mit Ihnen einen scharfen Porno anschauen und dabei wollen Sie von ihr einen Blowjob bekommen? Sie soll sich in Strapsen und High Heels als Servierdame beim nächsten Fußballspiel nützlich machen und das Bier kalt stellen?

Oder macht es Ihnen als Frau Spaß, sich ab und an mal so richtig als arrogante Zicke auszutoben? Sie haben Lust, Ihrem Freund mal gründlich die Meinung zu sagen, und dafür soll er sich anschließend bedanken und Sie mit Champagnertrüffeln füttern? Er soll Ihren Körper mit Rosenöl massieren und Ihnen dabei Liebeslieder singen? Je absurder Ihre Wünsche sind und je fantasievoller Sie miteinander umgehen, desto mehr wird es in Ihrem Liebesleben wieder knistern. Die Kunst besteht meiner Meinung nach darin, einen guten Kompromiss zu finden zwischen den eigenen Vorlieben und denen des Partners.

Aber jeder Dom ist anders. Manchen macht es Freude, letztendlich der Lust des Sub zu dienen. Ich kenne einige Frauen, die es lieben, den Po versohlt zu bekommen. Auf sogenannten Play-Partys – speziellen Events in der SM-Szene – werfen sich diese raffinierten Mädels dominanten Männern oder Frauen an den Hals und geben genaue Anweisungen, wie sie es gern hätten. Sie wollen zum Beispiel mit einem Rohrstock geschlagen werden, vorzugsweise auf die linke Pobacke, und anschließend bitte gleich mit Arnikacreme verarztet. Es ist erstaunlich, dass sich immer wieder Doms finden, die diese »Sklavinnen« auf die gewünschte Weise bedienen. Wer ist denn hier eigentlich dominant? Fragt man sich da manchmal. Andere Doms sind dafür bekannt, sehr egoistisch zu sein und ihre »Sklavin« regelrecht zu »benutzen«. Wobei andererseits natürlich dieses Gefühl, ausgeliefert zu sein und »benutzt« zu werden von vielen Menschen in der submissiven Rolle als erotischer Kick erlebt wird.

Erkennen Sie Ihre Stärken

Als Dom sollte man erst einmal herausfinden, was einem selbst gefällt und was man gut kann. Jemand, der zwei linke Hände hat und schon beim Binden der eigenen Krawatte Schweißausbrüche bekommt, sollte sich vielleicht nicht gleich am Anfang als Fesselkünstler versuchen. Das ist eher etwas für Menschen, die handwerklich geschickt sind und mit Knoten gut umgehen können. Finden Sie als Dom heraus, wo Ihre Stärken liegen, und setzten Sie das ein. Ich persönlich finde japanische Seilbondage zwar hocherotisch, aber selbst nach vielen Bondage-Anfängerkursen bin ich über einfache Hand- und Fußfesselungen nie wirklich hinausgekommen. Es ist zwar schön, wenn man jemanden auf diese Weise fesseln kann, aber nicht zwingend notwendig. Zum einen gibt es inzwischen auch Handschellen, Ledermanschetten und Zwangsjacken, mit denen man seinen Partner deutlich unkomplizierter fixieren kann, und zum anderen hat man auch noch sehr viel andere Möglichkeiten der erotischen Unterwerfung.

Gehen Sie also am besten so vor: Schreiben Sie mindestens fünf Ihrer Talente auf, die Ihnen im Leben bisher immer weitergeholfen haben. Womit verführen Sie? Können Sie gut kochen und mit Haushaltsgeräten umgehen? Sind Sie sportlich und gewinnen Sie in jedem Ringkampf? Lieben Sie es, zu massieren und den Körper Ihres Partners zu berühren? Vielleicht können Sie aber auch gut mit Hunden umgehen und denen sagen, wo es langgeht?

Meine persönliche Stärke liegt beispielsweise in der Fähigkeit zum sprachlichen Ausdruck. Ich sehe zwar sehr sanft aus, aber ich habe durchaus auch eine etwas grausame Ader, die ich humorvoll in Sprache verpacken kann. Es hört sich lustig an, ist aber eigentlich boshaft. Das ist mein fieser Trick!

»Du hast noch nichts zu Abend gegessen? Oh, das ist gut zu wissen, denn dann wirst du mir jetzt als Erstes ein Lachsschnittchen zubereiten, und das werde ich mir dann schmecken lassen. Dabei möchte ich, dass du meine Füße massierst. Deinen Blick wirst du die ganze Zeit auf das Schnittchen richten, in das ich gleich herzhaft hineinbeißen werde. Mmmh ... lecker! Ja, das hättest du jetzt auch gern, ich weiß! Vielleicht bekommst du zur Belohnung einen Schluck Wasser, wenn du meine Fingernägel besonders gut lackiert hast. Aber wehe, wenn ich mit deiner Arbeit nicht zufrieden bin!« Natürlich vergebe ich auch andere »Belohnungen«, denn SM ist für mich nicht nur ein Spiel mit Macht und Unterwerfung, sondern es soll ja auch sexy sein. Aber wie gesagt, meine Stärke liegt in der Kommunikation. Mir fällt immer etwas zum Quatschen ein und wenn ich in einer Session nicht weiß, was ich als Nächstes machen soll, dann überbrücke ich die Pause, indem ich einfach beschreibe, was ich im Augenblick sehe. Und dadurch ergeben sich dann meist die nächsten Schritte. Neulich hatte ich zum Beispiel eine Spielsituation mit meinem Partner und nach einiger Zeit fiel mir nichts mehr ein, was ich anordnen sollte. Erwartungsvoll stand er mit nacktem Oberkörper vor mir und wartete auf weitere Anweisungen. Ich war ein wenig müde. Also beschrieb ich, was ich sah. »Oh, sehr schön, dieser nackte Oberkörper. Und diese Brustwarzen, die rufen förmlich danach, berührt zu werden.«

Allein bei diesen wenigen Worten wurde mein Partner erregt und ich weiß, dass es ihm gefällt, wenn ich auf diese Art über seinen Körper spreche. Auf den ist er sehr stolz!

»Dreh dich doch mal um, damit ich auch deinen schönen Rücken bewundern kann.«

Als er sich so selbstverliebt drehte und mir seine beachtlichen Rückenmuskeln präsentierte, kam mir dann spontan die nächste Idee. »Diese Muskeln machen mich ganz schön an. Ich wette, dass du ziemlich stark bist. Das wollen wir doch jetzt gleich mal testen. Knie dich auf den Boden und warte dann auf meine nächsten Anweisungen. Ich mache mir jetzt erst mal einen Kaffee, und dann sehen wir weiter.«

Haben Sie Mut zur Lücke. Viele Doms meinen, sie müssten für den Sub pausenlos Programm machen. Das ist nicht nur sehr anstrengend, sondern auch für den Sub eine Reizüberflutung, wenn er ständig neue Anweisungen befolgen muss oder ständig etwas Neues mit ihm geschieht. Weniger ist also auch hierbei oft mehr! Gerade in der Pause, wenn Sub warten muss, steigt oft die Vorfreude auf das, was als Nächstes kommen könnte. Die

Fantasie beginnt zu arbeiten und letztendlich beginnt Erotik ja genau damit: Kopfkino.

Nachdem ich mit einer Tasse Kaffee aus der Küche zurückgekommen war, widmete ich mich wieder meinem hübschen Objekt der Begierde. »Sehr schön! Du bist immer noch brav in der gleichen Position. Dafür bekommst du eine Belohnung.« Sanft kratzte ich mit meinen Nägeln über seinen Rücken und wenn er eine Katze gewesen wäre, hätte er zu schnurren angefangen.

»So, jetzt wollen wir aber zunächst einmal deine Belastbarkeit prüfen. Du wirst jetzt vor mir eine Minute lang Liegestütze machen und ich will mich an diesem Muskelspiel erfreuen können. Wehe, du machst schlapp!«

Brav machte mein Partner seine Liegestütze. Da er sehr sportlich ist, war das für ihn eine Gelegenheit, sein Können zu zeigen, und es machte ihn stolz, sich vor mir so in Szene zu setzen. Man kann als Dom seinen Partner in Ekstase versetzen, sein Selbstbewusstsein stärken oder ihn auch demütigen und beschämen. Beides sind Spielmöglichkeiten, die Sie ausprobieren können. Am Anfang sind Sie als Dom vielleicht ein wenig mehr auf der sicheren Seite, wenn Sie versuchen, das Selbstbewusstsein Ihres Partners aufzubauen. Denn darauf stehen die meisten Menschen und so eine Session läuft meist erfolgreich und zur allgemeinen Zufriedenheit ab.

»Wow! So einen durchtrainierten Sklaven hatte ich schon lange nicht mehr«, lobte ich meinen Partner und tätschelte dabei wohlwollend über seinen Po.

»Die physische Belastbarkeit ist schon mal hervorragend. Jetzt wollen wir aber mal schauen, wie es mit deinem Gleichgewichtssinn aussieht. Ich werde mich nun auf dich setzen und genüsslich Kaffee trinken. Dabei wirst du mich durch die Wohnung tragen. Wenn durch eine ungeschickte Bewegung von dir auch nur ein Tropfen verschüttet wird, muss ich dich leider hart dafür bestrafen.« Natürlich sorgte ich dafür, dass etwas von dem Kaffee »aus Versehen« verschüttet wurde.

»Ich fürchte, du musst noch einiges dazulernen: Ich habe jetzt einen Kaffeefleck auf meinem Kleid.« Mit geübten Griffen öffnete ich den Reißverschluss seiner Hose und zog die verwaschene Jeans langsam nach unten.

»Oh, was haben wir denn da für ein hübsches Höschen, mit Streifen. Leider mag ich nur Slips mit Weihnachtsmännern drauf. Zu dumm, dass du das nicht gewusst hast. Jetzt wird meine Bestrafung sogar noch härter ausfallen müssen.«

Genüsslich zog ich den Slip nach unten und rieb dabei ganz beiläufig über seinen prachtvollen Schwanz, der erfreut darauf reagierte.

»Wer hat dir erlaubt, dass du Lust empfinden darfst? Das müssen wir sofort ändern«, schimpfte ich. Wenn man jemandem verbietet, Lust zu haben und erregt zu werden, dann hat das oft den Effekt, dass das Verbotene sich noch stärker einstellt. Ich persönlich liebe es, anderen Menschen körperlichen Schmerz zuzufügen, vorausgesetzt, dass es sie erregt und ihnen Freude macht. Sonst würde es mir keinen Spaß machen. Mit der bloßen Hand schlug ich einige Male auf seinen knackigen Hintern und jedes Mal intensivierte sich der rote Abdruck auf seiner Haut. Ich liebe das laute Klatschen, das dadurch entsteht. Meinem Partner Lustschmerz zuzufügen, macht mich ziemlich an. »Dein Hintern ist ja schon ganz rot. Das ist gut. Aber ich denke, mit ein paar weiteren Striemen würde er noch hübscher aussehen.«

Jetzt holte ich eine weiche Lederpeitsche und tobte mich damit ein wenig aus. Dabei beobachtete ich jedes Zucken und jede Körperregung meines Partners genau.

Wenn der andere den Kopf einzieht oder sich verkrampft, dann ist das nicht gut und ein Zeichen, dass man eine Pause einlegen oder zumindest nicht ganz so fest zuschlagen sollte. Aber wenn man Sub genau die richtige Dosis von Schmerz zufügt, dann kann das sehr lustvoll und anregend wirken. Wie viel Schmerz ein Schlag auslöst, kann man am besten an sich selbst ausprobieren, dann weiß man auch besser, was man dem Partner zumuten kann. Wenn es nur lieb und nett zugeht bei einem erotischen Spiel, dann ist das vielleicht Tantra, aber kein SM. Bei SM spielen wir auch mit den dunkleren Seiten der Seele – mal mehr, mal weniger. Manche Menschen lieben es härter und mögen mehr gedemütigt werden. Mit der Zeit werden Sie herausfinden, auf was Sie selbst am meisten abfahren – und was Ihren Partner anmacht.

Einfache Übung für Doms

Legen Sie gemeinsam mit Ihrem Partner fest, dass Sie eine Stunde lang zusammen spielen werden (siehe auch Seite 57). Sie dürfen auch gern einen Wecker stellen, denn es ist beruhigend, wenn der zeitliche Rahmen begrenzt ist: Es nimmt den Druck aus einer Session, wenn man weiß, dass man nur für einen überschaubaren Zeitraum in einer bestimmten Rolle sein wird.

Lassen Sie sich eine Stunde lang von Ihrem eigenen Egoismus leiten und sagen Sie dem Sub genau, was er zu tun hat. Am Anfang denkt man als Dom immer, dass man sich großartige Aufgaben überlegen muss, aber das ist gar nicht immer nötig. Auch kleine Dinge können Spaß machen. Gerade am Anfang, wenn Sie beginnen, Ihre Rolle als Dom auszutesten, sollten Sie mit klar umrissenen Anweisungen arbeiten. »Hol mir jetzt aus der Küche ein Glas Wein, und zwar sollst du dabei nackt sein, bis auf die High Heels an deinen Füßen.«

»Jetzt will ich, dass du mir den Nacken massierst, während ich mir die ›Sportschau‹ ansehe.«

»Ich will dir zusehen, wie du dich duschst, und dabei bitte darauf achten, dass du dich ganz penibel rund um alle Körperöffnungen wäschst!«

»Zieh dich langsam aus und zeig dich von allen Seiten.«

»Leg dich auf den Boden und spiele mit deinem Körper. Ich will zusehen, wie du dir einen Höhepunkt verschaffst.«

»Ruf bei der Auskunft an und frag nach der Nummer für einen Escortservice. Dabei will ich dich lecken.«

Lassen Sie Ihrer Kreativität freien Lauf. Beginnen Sie mit einfacheren Anweisungen, deren Anspruch Sie nach und nach steigern können. Sie sollten nicht immer in der Komfortzone bleiben und sich trauen, auch mal etwas Gewagtes zu fordern. Ihr Partner wird Ihnen schon mitteilen, wenn ihm etwas tatsächlich zu viel wird. Vor allem: Haben Sie Spaß an diesem Spiel. Humor finde ich persönlich sehr schön – solange Sie dabei immer noch in Ihrer Rolle bleiben.

Wenn Ihr Partner die Aufgabe zu Ihrer Zufriedenheit ausgeführt hat, dürfen Sie ihn loben, ihn sexuell erregen oder ihn mit Streicheleinheiten verwöhnen. Falls er noch nicht gut genug war, dürfen Sie ihn aber auch bestrafen, ihm Lustschmerz zufügen oder ihn verbal demütigen. Probieren Sie verschiedene Varianten aus. Nach einer Stunde des Spiels sind Sie wieder gleichrangige Partner. Sie schlüpfen aus der Spielrolle und geben sich gegenseitig Feedback: Wie war es für mich dominant zu sein? Was hat mir dabei besonders viel Spaß gemacht? Was fand ich schwierig? Wie habe ich mich als Sub gefühlt? Was hat mich erregt? Was hat mir weniger gut gefallen?

Benimmregeln für Zofen und andere Untergebene

In diesem Spiel der Sub zu sein, hört sich zunächst so an, als hätte man die einfachere Rolle – zumindest im Vergleich zum Dom. Anfangs ist das tatsächlich so. Deshalb sollten Sie Ihren Partner, wenn Sie gemeinsam zu experimentieren beginnen, in seiner dominanten Rolle unterstützen. Er ist vielleicht noch nicht so selbstsicher, ist noch leicht zu irritieren – und wenn Sie das schamlos ausnutzen, dann wird Ihre Zukunft als SM-Paar sicher nicht von langer Dauer sein.

Es gibt verschiedene Möglichkeiten, sich als Zofe, Sklavin oder andere Untergebene zu verhalten. Zunächst einmal ist es wichtig, dass Sie das Spiel ernst nehmen und wirklich versuchen, für einen vorgegebenen Zeitraum in die Rolle zu schlüpfen, die Sie sich ausgesucht haben. Für die Zeit des lustvollen Spiels sind Sie eine andere Person. Es erleichtert Ihre Rolle, wenn Sie sich auch einen anderen Namen zulegen, der dazu passt: Wie wäre es mit Minna, die Zofe? Oder Alfonso, der Gärtner? Untergebene werden vom Dom meist nur beim Vornamen genannt, als ein Ausdruck seiner Überlegenheit. Damit Sie als Sub Ihre Rolle perfekt verkörpern, sollten Sie dafür eine passende Kleidung wählen. Sprechen Sie das mit Ihrem Dom ab, damit er mit Ihnen auch zufrieden ist. Sie wollen ja nicht schon gleich am Anfang einer Session bestraft werden. Oder etwa doch? Als Untergebener sollte man sich so anziehen, wie es dem Dom am meisten Freude macht. Nett ist es beispielsweise, wenn guter Zugriff zum Po oder auch zu den Brüsten gewährleistet ist. Höschen sollten deshalb eher vermieden werden. Aber letztendlich ist es natürlich Geschmackssache. Entscheidend ist, wie Sie sich selbst am schönsten finden beziehungsweise wie Sie Ihrem Partner am besten gefallen. Einige Doms stehen auf Lack und

Leder, andere auf Blümchenkleid und der Mann einer Freundin steht total auf Golfschuhe.

Oft werde ich gefragt, ob man als Sub eigentlich immer gehorsam sein sollte. Da gibt es verschiedene Möglichkeiten: Man kann die unterwürfige Rolle natürlich so spielen, dass man die Anweisungen des Dom möglichst gut befolgt. Manchmal ist das jedoch nicht möglich, etwa wenn Dom an allem etwas auszusetzen hat, weil Ihr Rollenspiel es vielleicht so festlegt, dass Sie ihm einfach nichts recht machen können. Und wenn Sie beide schließlich ein wenig vertrauter mit SM-Spielen sind, können Sie natürlich auch eine rebellische Sklavin sein. Für einen erfahrenen Dom ist das ziemlich reizvoll, denn dann muss er sich richtig anstrengen, um Sie unter Kontrolle zu halten. Diese Herausforderung bringt Spannung in Ihr erotisches Spiel. Aber in jedem Fall sollten Sie versuchen, möglichst bei Ihrer Rolle als der Untergebene zu bleiben, sonst kommt es zu einem Machtkampf, der die Spielsituation kaputt machen kann. Sie sehen: Es gibt innerhalb Ihrer Rolle durchaus Freiraum. Zu Beginn Ihrer gemeinsamen SM-Beziehung jedoch, wenn Ihr Dom noch am Üben ist, wird er sich bestimmt freuen, wenn seine Anweisungen erst einmal befolgt werden, und er wird Sie wahrscheinlich dann auch dafür belohnen. Immerhin stärkt es sein Selbstbewusstsein, wenn er sich in seiner überlegenen Position bestätigt fühlt.

Meine Erfahrungen als Sub

Ehrlich gesagt fällt es mir selbst leichter, die dominante Rolle zu spielen – als Sklavin bin ich eine echte Herausforderung für meinen Partner. Damit habe ich schon öfters eine SM-Session zum Scheitern gebracht. Und eigentlich ist das nicht der Sinn der Sache, denn es soll ja jeder Spaß dabei haben. Ich erinnere mich noch an eine Situation, in der ich mich ziemlich dumm verhalten habe und nicht in meiner Rolle geblieben bin.

»Hol mir etwas zu trinken«, befahl mir mein Dom. Ich wusste natürlich genau, dass er sich ein Glas Wein wünschte. Da er mir die Füße zusammengebunden hatte und ich nur winzig kleine Schritte machen konnte, kam ich nur langsam vorwärts. »Wieso dauert das so lange?«, schimpfte er. Jetzt ärgerte ich mich über ihn. So ein doofer Dom, ich strenge mich an und dann soll ich noch schnell machen, obwohl er weiß, dass ich mich kaum bewegen kann.

»Ja, ich komme sofort, mein Herr«, rief ich aus der Küche und irrte mich ganz absichtlich in der Auswahl der Flasche: Statt von unserem guten Chardonnay einzuschenken, wählte ich Obstessig aus. Langsam trippelte ich wieder ins Wohnzimmer.

»Das hat zu lange gedauert«, schimpfte er. »Das müssen wir gleich noch mal üben. Geh am besten sofort wieder in die Küche und hole mir ein neues Glas.«

Jetzt wurde ich richtig wütend. »Nein«, sagte ich bockig.

»Was, du willst mir nicht gehorchen?«, Mein Partner fühlte sich in seiner Autorität nicht ernst genommen und wurde unsicher. Das kostete ich mit einem innerlichen Grinsen aus.

»Wenn du mir nichts zu trinken holst, dann muss ich dich leider bestrafen«, versuchte er erneut, seine Dominanz wieder zu demonstrieren.

»Bäh«, ich streckte ihm die Zunge raus. Mein Partner musste jetzt aktiv werden und dafür sorgen, dass er sein Gesicht nicht verlor. Er stand auf und versuchte mich am Genick zu packen und in die Küche zu zerren. Wenn ein Spiel erst einmal so weit entgleist ist, dass zwei Menschen gegeneinander kämpfen, anstatt miteinander Spaß zu haben, dann ist schon fast alles zu spät.

»Lass mich los«, fauchte ich und schüttete ihm dabei das Glas mit Obstessig ins Gesicht. Mehr muss ich Ihnen eigentlich nicht über diesen Abend erzählen. Sie können sich denken, dass wir an diesem Abend keinen lustvollen Sex hatten und mein Freund beleidigt war.

»Wenn du nicht richtig mit mir spielen magst, dann such ich mir eben eine andere Zofe, der es Freude macht, mich zu bedienen«, grollte er.

Das wollte ich natürlich auch nicht und versprach, mich in Zukunft zu bessern. Natürlich kann es auch mal witzig sein, ein klein wenig Widerstand zu leisten, aber in dieser Spielsituation sind dem Dom ja auch ein Stück weit die Hände gebunden: Er kann Sub letztendlich nicht zwingen, etwas zu tun, und wenn wir es nicht freiwillig machen, dann ist das Spiel beendet – und das ist natürlich schade.

Wenn man als Sub dazu neigt, sehr rebellisch und widerborstig zu sein, dann sollte man vielleicht auch mal die Rollen tauschen. Wenn man als Sub einmal erkannt hat, wie schwer es ein Dom manchmal hat, dann bekommt man vielleicht auch mehr Verständnis dafür, dass wir es hier nicht mit Superman zu tun haben, sondern mit einem ganz normalen Menschen. Aber im erotischen SM-Spiel kann er zu unserem ganz persönlichen Helden werden. Wenn wir ihm die Chance dazu geben!

Spielideen und Erlebnisse

Wenn man beginnt, sich mit SM zu beschäftigen, dann weiß man zwar vage, dass das etwas mit Peitschen, mit Schmerz und mit Bestrafung zu tun hat. Aber wie das dann auch gleichzeitig lustvoll und erotisch sein soll, das kann man sich vielleicht zunächst nicht so gut vorstellen. Deshalb möchte ich Ihnen an dieser Stelle einige Anregungen geben, wie eine SM-Session aussehen könnte. Ich werde auch einige meiner eigenen Abenteuer erzählen, um Ihre Fantasie anzuregen – viel Spaß beim Lesen und Ausprobieren!

Die sexy Krankenschwester

In einem Fetisch-Laden fand ich im Ausverkauf ein wunderschönes sexy Krankenschwester-Kostüm aus Latex. Es gefiel mir auf Anhieb und es hing einige Zeit im Schrank herum, bis es zum Einsatz kam. Auf einem SM-Treffen mit einigen Freunden wollte ich endlich eine meiner Lieblingsfantasien ausprobieren: Christine, die sexy Krankenschwester. Eigentlich war ich eine Mischung aus Frau Doktor und Krankenschwester, um ganz genau zu sein. Für meine Fantasie benötigte ich eine Assistentin und ich fragte eine junge Französin, ob sie Lust hätte, mit mir einen Patienten »krank zu pflegen«. Natürlich war das ein kleiner Scherz, denn es sollte ja um Lust und Unterwerfung gehen und niemand wurde bei dieser SM-Inszenierung verletzt.

»Ja klar mach ich mit«, entschied Amelie spontan, und jetzt brauchten wir nur noch ein Opfer der Begierde.

»Hätten Sie Lust auf einen Termin in einer Spezialklinik?«, sprach ich einen hübschen jungen Spanier an, der noch nicht so viel Erfahrung mit SM hatte. Dabei wackelte ich ein bisschen mit den Hüften und klimperte vielversprechend mit den Augen. Carlos fühlte sich geschmeichelt, ausgewählt worden zu sein. »Dann nehmen Sie bitte einen Augenblick im Wartezimmer Platz, bis Sie dran sind«, befahl ich ihm und führte ihn in einen separaten Raum, in dem er warten sollte.

Amelie und ich bereiteten nun den Behandlungstisch vor. Amelie erwies sich dabei als äußerst kreativ.

»Wir könnten doch auch ein paar Äste und Blätter für die Behandlung nehmen, das wäre dann Naturheilkunde«, lächelte sie boshaft. So genau konnte ich mir zwar noch nicht vorstellen, was sie damit vorhatte, aber ich ließ mich überraschen.

»So, jetzt könntest du unseren Patienten hereinholen«, wies ich sie an. Carlos wirkte etwas eingeschüchtert, als er auf einem Hocker vor mir Platz nahm.

»Hallo, ich bin Frau Doktor Rattenscharf«, begrüßte ich den jungen Mann meiner Rolle entsprechend. »Als Erstes müssen wir einen Fragebogen zusammen ausfüllen, um Ihr Krankheitsbild besser erkennen zu können«, erklärte ich.

Das war eine passende Gelegenheit, mehr über mein Opfer der Begierde zu erfahren und auf spielerische Weise den SM-Fragebogen mit einzubeziehen.

»Zunächst einmal benötige ich Ihren vollständigen Namen.«

Darauf war Carlos nicht gefasst und überlegte fieberhaft, wie er sich für uns nennen sollte.

»Schwester Affengeil, sehen Sie, wie lange unser Patient nachdenken muss, um sich an seinen Namen zu erinnern? Notieren Sie das bitte!«

Ich warf meiner Assistentin einen vielsagenden Blick zu.

»Ich fürchte, junger Mann, dass es sich bei Ihnen um eine seltene Erkrankung handelt und dass Ihre Gehirntätigkeit eingeschränkt ist. Schauen wir mal, wie es mit Ihrer körperlichen Fitness aussieht. Oder ist Ihnen vielleicht inzwischen eingefallen, wie Sie heißen, junger Mann?«

»Max ... Max Schmidt«, stotterte Carlos. Ich muss gestehen, dass die Situation so komisch war, dass wir uns sehr zusammenreißen mussten, um nicht laut loszulachen. Aber wir konnten uns zum Glück beherrschen und blieben in unseren Rollen.

»Machen Sie sich bitte oben herum mal frei, Herr Schmidt, dann können wir Ihr Muskelspiel beim Ausdauertest genauer beobachten.«

Carlos musste unter unseren gnadenlosen Blicken eine Minute lang Liegestütze machen, aber da er ziemlich sportlich war und einen recht ansehnlichen Körper hatte, machte ihm die Aufgabe Spaß und er konnte brillieren.

»Sehr schön gemacht«, lobte ich meinen Patienten. Krankenschwester Fräulein Affengeil schlug nun vor, dass er anschließend auf einem Bein drei Runden durch den Raum hüpfen sollte. »Leider ist die letzte Runde ein wenig klein ausgefallen, Herr Schmidt«, tadelte ich ihn danach.

»Um genaue Messungen mit Ihnen vornehmen zu können, müssten Sie die letzte Aufgabe noch einmal wiederholen.« Carlos begann inzwischen schon zu schwitzen und wir amüsierten uns.

»Setzen, Herr Schmidt. Das war für den Anfang nicht schlecht. Fühlen Sie doch mal die Temperatur, Schwester Affengeil.« Amelie sah in ihrem kurzen weißen Rock und dem luftigen Hemdchen zum Anbeißen aus. Dazu hatte sie sich ein blaues Häubchen aufgesetzt, das sie sich aus einer Duschhaube gebastelt hatte. Während sie fürsorglich ihre Hand auf die Stirn unseres Patienten legte, leckte sie spielerisch über seinen Hals. Carlos begann sich sichtlich zu entspannen und das Spiel schien ihm immer mehr Spaß zu machen.

»Ich glaube, er hat hohes Fieber«, seufzte sie und begann dabei an seinem Ohrläppchen zu knabbern. Ich hatte nun auch Lust bekommen, Carlos' hübschen Körper ein wenig zu berühren.

»Wirklich, Schwester? Ich glaube, ich muss Ihnen bei der Diagnose behilflich sein.« Langsam stellte ich mich vor Carlos und während Schwester Affengeil damit beschäftigt war, seinen Rücken ein wenig zu malträtieren und ihn zärtlich zu beißen und zu kratzen, spielte ich mit seinen Brustwarzen.

»Bleiben Sie bitte ganz entspannt bei unserer Untersuchung, Herr Schmidt«, wies ich unseren Patienten an, dem offensichtlich immer heißer wurde.

»Es dauert nicht mehr lange und dann können wir Ihnen sicher genauer sagen, was mit Ihnen nicht stimmt.«

»Ja, das denke ich auch, Frau Doktor«, pflichtete Amelie mir bei und rieb ihre hübschen Brüste am Rücken unseres Schützlings.

»Oh, keine Eile, lassen Sie sich ruhig Zeit mit der Untersuchung«, stöhnte Carlos, der ja eigentlich jetzt Max Schmidt hieß. Langsam wanderte meine Hand über seinen Bauch nach unten, zwischen seine Beine. Carlos stöhnte leise auf, als meine Hände beiläufig über seinen Slip strichen, um mich zu vergewissern, dass alles mit ihm in Ordnung war.

»Herr Schmidt, es erregt Sie offensichtlich, wenn ich Ihren Penis berühre«, erklärte ich trocken. »Ich denke, das ist ein gutes Zeichen. Offensichtlich scheinen Ihre körperlichen Funktionen einwandfrei zu funktionieren. Ihr Problem liegt wohl mehr in einer Art Gedächtnisschwund. Aber ich denke, wir können Ihnen da weiterhelfen. Was meinen Sie dazu, Schwester?«

Amelie küsste gerade unseren Patienten leidenschaftlich auf den Mund und ich wurde ein wenig eifersüchtig. Ich wollte auch in den Genuss seines südländischen Temperaments kommen.

»Schwester Affengeil, wenn Sie mit Ihrer Diagnose fertig sind, sollten wir mit unserem Patienten die Behandlungsmethoden besprechen«, drängte ich deshalb. Schwester Affengeil trennte sich nur ungern von ihrem Patienten, aber sie war professionell genug, sich nicht von ihrer eigentlichen Arbeit ablenken zu lassen.

»Aber natürlich, Frau Doktor«, säuselte sie einschmeichelnd und holte tief Luft.

»Bitte lesen Sie Herrn Schmidt unseren Fragenkatalog vor«, hielt ich sie an. Jetzt kam der für das Spiel leicht variierte SM-Fragebogen zum Einsatz.

»Sind Sie gegen Peitschenhiebe allergisch?«, fragte meine hübsche Krankenschwester und las dann nacheinander verschiedene »Behandlungsmethoden« vor, die wir an ihm ausprobieren wollten.

»Oh, nein! Im Gegenteil, ich liebe es, wenn Sie etwas härter mit mir umgehen«, antwortete Carlos und blieb dabei ganz brav in seiner Patientenrolle. Er saß immer noch mit nacktem Oberkörper auf seinem Stühlchen vor uns.

»Verbinden Sie dem Patienten die Augen, Schwester«, ordnete ich an. »Wir werden nun eine asiatische Heilmethode an Ihnen ausprobieren, Herr Schmidt. Schwester Affengeil hat vor Kurzem eine Fortbildung in China gemacht und ist eine absolute Spezialistin auf ihrem Fachgebiet.«

Langsam begannen wir einige Wäscheklammern und auch Klammern aus Metall an seinem nackten Oberkörper anzubringen. Es gibt Körperstellen, die sind relativ unempfindlich, wie zum Beispiel am Oberarm oder am Rücken. Aber an den Brustwarzen oder auch am seitlichen Brustansatz sind die meisten Menschen recht sensibel. Eine einzelne Klammer spürt man oft nicht so stark, aber wenn es zehn oder 20 Klammern sind, ist der Sinnesreiz recht stark. Wir beobachteten Carlos genau, um seine Reaktion auf die Klammern herauszufinden. Wenn man mit Lustschmerz spielt, dann ist es wichtig, dass man sofort ein Gespür für das richtige Maß bekommt. Natürlich darf man dem anderen nicht zu viel Schmerz zufügen. Wenn er die Luft anhält, den Kopf einzieht und verkrampft wirkt, ist man definitiv über das Ziel hinausgeschossen, denn das erotische Spiel soll ja Lust verschaffen. Ist man dagegen allzu vorsichtig mit Schmerz, dann ist es für den Empfangenden auch oft frustrierend.

Gerade am Anfang ihrer SM-Karriere neigen die meisten dazu, zu vorsichtig zu sein. Das ist auch anfangs in Ordnung, aber wenn man stets in Kontakt bleibt und die Reaktionen des anderen genau beobachtet, dann kann man mit Klammern nicht so viel falsch machen.

Sind alle Klammern am Körper verteilt, kann man damit spielen: ein wenig an ihnen drehen, ein bisschen ziehen ... kurz: alles tun, was das Schmerzempfinden noch etwas verstärkt.

»Jetzt wird Schwester Affengeil die Klammern auf eine ganz spezielle Weise wieder entfernen«, beruhigte ich Carlos, der inzwischen doch wieder ein bisschen zu schwitzen begann.

»Ein Spezialtrick, den unsere Fachkraft von einem chinesischen Meister gelernt hat«, kündigte ich das Ende der Klammerbehandlung an. In der Tat hatte Amelie eine besonders erotische Art entwickelt, die Klammern wieder zu lösen. Anstatt sie ganz banal mit den Fingern wieder abzuzupfen, entfernte sie die Klammern mit ihren Zähnen. Um den anschließenden Schmerz zu dämpfen, begann sie an der Druckstelle zu lecken und zu saugen.

»Oh ... Schwester, was machen Sie mit mir?«, stöhnte Carlos vor Wonne.

»Bitte machen Sie sich jetzt auch untenrum frei«, ordnete ich an. »Wir müssen Sie jetzt mit einer koreanischen Schmerztherapie behandeln. Langsam zog Carlos seine Hose aus und dann auch noch seinen Slip. Er hatte einen hübschen Körper und Schwester Amelie lief das Wasser im Mund zusammen. Das sah ich genau! Jetzt kamen die Äste und Zweige zum Einsatz, die

Amelie gesammelt hatte. Ich sah zu, wie sie Carlos von allen Seiten auspeitschte. Carlos schien es zu gefallen, denn er stöhnte jedes Mal leise auf, wenn er einen Schlag abbekam.

»Ich glaube, nun muss sich unser Patient ein wenig ausruhen, Schwester«, schlug ich vor. »Bitte legen Sie ihn auf den Behandlungstisch.«

Carlos war erleichtert, dass er sich hinlegen durfte, er ahnte ja noch nicht, was wir als Nächstes für ihn geplant hatten.

»Ich denke, wir sollten nun mit einer ganz besonderen Wärmetherapie beginnen«, ordnete ich an. Amelie hatte inzwischen bereits alles vorbereitet und langsam und vorsichtig begannen wir, unseren hübschen jungen Mann mit heißem Kerzenwachs zu begießen. Jede von uns hatte drei Kerzen in der Hand und wir ließen das Wachs auf seinen nackten Körper tropfen. Je nachdem, wie schmerzempfindlich jemand ist, kann man dabei den Abstand der Kerzen zum Körper variieren. Unser Patient stöhnte vor Lust. Das heiße Wachs wirkte wie ein lustvoller kleiner Schock, der ihm eine Gänsehaut bescherte.

Natürlich wird heißes Kerzenwachs nicht von jedem Menschen als erregend empfunden, aber probieren Sie das einfach mal mit Ihrem Partner aus. Dann können Sie am besten fühlen, ob Sie diese SM-Technik in Ihr erotisches Repertoire integrieren wollen oder nicht.

»Schauen Sie mal, Schwester, die Therapie scheint bereits zu wirken. Sein Schwanz ist enorm gewachsen in der kurzen Zeit, und das hat natürlich auch starke Auswirkungen auf seine Gehirnfunktionen.«

Ich erzählte irgendeinen Schwachsinn, aber das war in dieser Situation recht komisch und half dem »Patienten«, sich zu entspannen. Schwester Affengeil tropfte nun sogar ein wenig Wachs auf seinen Penis, der erfreut sein Köpfchen hob und uns signalisierte:»Mehr, mehr, mehr…« Carlos war inzwischen sehr erregt, ich steckte ihm einen Finger in den Mund und ließ ihn daran saugen. Er ging völlig in seiner passiven Rolle auf und genoss es sehr, von uns»behandelt« zu werden.

Jetzt wurde Carlos ein wenig mutiger und tastete mit seinen Händen zwischen meinen Schenkeln herum, was ich als durchaus angenehm empfand. Wenn ich mit einem Partner spiele, dann ist es natürlich etwas anderes, als wenn ich mich mit einer relativ fremden Person in eine erotische Spielsituation begebe. Da habe ich andere Grenzen. Mit einem Partner wäre ich jetzt sexueller geworden, hätte ihm vielleicht einen Blowjob gegeben, mich mit meiner nassen Möse auf ihn gesetzt oder hätte ihm zugesehen, wie er sich mit meiner Assistentin vergnügt. Natürlich bin ich auch eifersüchtig, aber es gibt Situationen, da kann ich ein Spiel zu dritt oder viert auch mit meinem Liebsten genießen, ohne dabei Verlustängste zu haben. An diesem speziellen Abend genoss ich es einfach nur, mit erotischen Grenzen zu spielen und die sinnliche Spannung zwischen uns zu intensivieren. Manchmal wird eine erotische Begegnung unvergesslich, gerade wenn es nicht zu einem sexuellen Höhepunkt kommt. Es ist dann, als ob sich der Kopf noch im Nachhinein stärker damit beschäftigt.

»Schluss jetzt, Schwester Affengeil«, ordnete ich an.»Wir sollten Herrn Schmidt nun säubern.«

Mit einem Messer kratzen wir das Wachs vorsichtig von seinem Körper und anschließend rieben wir ihn noch mit warmem Wasser ab. Natürlich achteten wir darauf, dass wir seinem Schwanz dabei besondere Aufmerksamkeit schenkten, und er wurde mit besonderer Sorgfalt gewaschen. Anschließend wurde unser Patient dann noch eingeölt und mit zarten Streicheleinheiten verwöhnt.

»Wie war noch gleich Ihr Name, junger Mann?«, fragte ich ihn am Ende.

»Max Schmidt«, kam es wie aus der Pistole geschossen.

»Sehen Sie, Schwester. Unsere Behandlung hat zu einem durchschlagenden Erfolg geführt«, erklärte ich professionell. Dann umarmten wir uns lachend und küssten uns alle drei gleichzeitig. Wie schmeckte das lecker, als sich unsere Zungen berührten und wir eng umschlungen eine Weile zusammenstanden. Anschließend tranken wir gemeinsam Rotwein und sprachen über die SM-Session.

Es ist wirklich toll, wenn in einer solchen Session alle Beteiligten abheben und jeder zufrieden ist. Eine richtig gute SM-Session zeichnet sich dadurch aus, dass danach alle in einem Zustand quirliger Leichtigkeit sind. Wenn man mit Schmerz und Strenge spielt, kann sich danach oft das Gegenteil einstellen, nämlich dass man sich sehr leicht und beschwingt fühlt. Es ist, als ob der Körper sich dann den gegenteiligen Zustand als Ausgleich sucht.

Fifty Shades of Grey:
der Romeo mit der Peitsche

Welche Frau möchte nicht auch einmal einem attraktiven jungen Milliardär verfallen? Wer den Roman »Fifty Shades of Grey« von E L James gelesen hat, fragt sich bestimmt, wie er solch heiße Sexszenen auch ins eigene Schlafzimmer zaubern kann. Die Rollen sind in dieser Liebesbeziehung klar verteilt: es gibt einen dominanten Mann und eine unerfahrene Gespielin, die sich mit sanfter Strenge verführen lassen möchte. Für dieses erotische Rollenspiel benötigen Sie eine Reitgerte, eine Peitsche oder andere Schlaginstrumente und auch Seile oder Handschellen. Eine besondere Verkleidung ist dabei nicht notwendig, denn Mr. Grey strahlt eine natürliche Autorität aus, egal ob er im Smoking steckt oder sich eine ausgewaschene Jeans angezogen hat. Anastasia ist die Unschuld und Reinheit in Person und da sie sexuell noch nicht so erfahren ist, macht sie (fast) alles mit und ist neugierig auf ungewöhnliche sexuelle Abenteuer mit ihrem Geliebten.

Eine Idee für eine solche SM-Session möchte ich Ihnen hier geben. Es ist ein eher softes SM-Programm, bei dem zwar ein wenig mit Lustschmerz gespielt wird, aber richtig hart geht es nicht zur Sache. Es geht bei dieser erotischen Spielszene eher darum, das Selbstbewusstsein des Subs zu vergrößern, und weniger um Erniedrigung und Beschämung. Ich werde die beiden Personen der Einfachheit halber als Dom und Sklavin bezeichnen und den Spielverlauf auch eher aus der Perspektive des Doms beschreiben. Der Handlungsverlauf muss dabei nicht kompliziert sein. Mr. Grey erzielt schließlich auch mit wenigen Mitteln eine grandiose Wirkung bei seiner erotischen Gespielin, denn er beherrscht die Kunst der Langsamkeit. Üben Sie sich als Dom in innerer Gelassenheit und Ruhe. Dann ergibt sich der nächste Schritt der erotischen Verführung immer wieder von ganz allein ...

Stellen Sie sich vor, dass Sie mit Ihrem Liebespartner die klassische Rollenverteilung beibehalten. In dem Augenblick, in dem der Partner in die Rolle des Doms eintaucht, sollte sich seine Körperhaltung verändern. Probieren Sie einmal aus, wie es sich anfühlt, in festem Stand sicher auf dem Boden zu stehen und den anderen mit einem intensiven Blick zu fixieren. Als Dom liegt es in Ihrer Hand, den Spielverlauf zu kontrollieren.

Rufen Sie als Dom Ihre Sklavin zu sich: »Komm her zu mir und lass dich mal genau ansehen. Hübsch siehst du heute aus.«

Berühren Sie das Gesicht Ihrer Liebessklavin mit der Hand und ziehen Sie ihr Kinn ein wenig zu sich heran.

»Ich möchte, dass du dich jetzt ausziehst. Ich will deine Schönheit noch mehr genießen.«

An dieser Stelle können Sie entscheiden, ob Sie es sich jetzt in einem Sessel mit einem Bier gemütlich machen (Malt Whisky wäre noch etwas stilvoller) und Ihrer Partnerin bei einem heißen Striptease zusehen. Sie dürfen bei diesem Entkleidungsspiel natürlich auch selbst Hand anlegen. Ich persönlich finde es immer ganz schön, wenn der Sub auch eine Aufgabe hat, bei der er sich ein wenig bewegen darf. Schauen Sie zu, wie Ihre Sklavin sich aus ihrem Oberteil schält.

»Hoppla, das ging aber ein wenig zu schnell«, dürfen Sie Ihre Sklavin ermahnen, wenn sie ihr Oberteil bereits abgelegt hat, bevor Sie überhaupt den ersten Schluck Bier oder Whiskey zu sich nehmen konnten. Wenn Bewegungen langsam ausgeführt werden, dann erhöht sich die erotische Spannung.

Stehen Sie auf und helfen Sie ihr, den BH zu öffnen. Lassen Sie ihn vorsichtig zu Boden fallen und beginnen Sie, die Brüste Ihrer Geliebten zu küssen. Streicheln Sie sanft über ihren Rücken.

»Du hast eine so zarte Haut. Ich liebe es, dich zu berühren.«

Wenn Sie normalerweise eher handwerklich begabt sind und zwar das Spiel mit der Peitsche gut beherrschen, aber es an der sprachlichen Verführungskunst mangelt, dann denken Sie immer daran, dass es reicht, wenn Sie beschreiben, was Sie sehen, und aussprechen, was Sie fühlen. Das allein kann schon zu einem aufregenden SM-Spiel führen. Also beispielsweise: »Deine Brüste machen mich total an, am liebsten würde ich dich jetzt gleich durchvögeln, aber so weit ist es noch nicht.«

Nachdem Sie Ihre Sklavin ein wenig gestreichelt und geküsst haben, können Sie sich wieder auf Ihren Sessel setzen. Ihre Sklavin darf sich nun weiter vor Ihren Augen ausziehen. Geben Sie Ihr ruhig Anweisungen, wie Sie es gern hätten, wann sie eine Pause einlegen soll. Endlich steht Ihre Sklavin in ihrer nackten Schönheit vor Ihnen. Jetzt könnten Sie von ihr fordern, eine andere Haltung einzunehmen, die Ihnen besser gefällt. Sie möchten ja eine Liebesdienerin vor sich haben, die sich unterwürfig zeigt. Sagen Sie ihr genau, was sie zu tun hat. »Knie dich nieder! Leg deine Unterarme auf die Schenkel – mit den Handflächen nach oben … ja, so ist es schön. Das gefällt mir.«

Lassen Sie Ihre Gespielin nun ruhig eine Weile in dieser Position ausharren. »Du rührst dich jetzt nicht von der Stelle. Hast du gehört? Ich habe jetzt etwas anderen zu tun und wenn ich wiederkomme, dann will ich dich genau in dieser Haltung hier vorfinden.«

Es kann für die Sklavin sehr aufregend sein, wenn sie nicht genau weiß, was als Nächstes passieren wird. Lassen Sie sie ruhig ein wenig im Ungewissen, das erhöht die sexuelle Spannung und den Reiz des Spiels. Derjenige, der den anderen warten lässt, demonstriert damit auch seine höhere Rangordnung. Er kann es sich erlauben, sich Zeit zu lassen, und der andere fühlt sich dadurch ein wenig erniedrigt – und das kann dabei ein äußerst reizvolles Gefühl sein. Nach ein paar Minuten kommen Sie wieder. Hat sich die Sklavin nicht von der Stelle gerührt, dürfen Sie loben: »Ausgezeichnet. Du bist eine sehr folgsame Liebesdienerin und ich weiß das zu schätzen. Deshalb werde ich dich jetzt belohnen.«

Mit einer Gerte oder einer Peitsche kann man viele Dinge anstellen. Man kann damit nicht nur Schmerzen zufügen, sondern sie eignet sich auch gut, um damit zu streicheln, und das Leder fühlt sich wunderbar auf nackter Haut an. Sehen Sie die Gerte oder Peitsche als eine Verlängerung Ihres Arms an. Wie würden Sie mit der Hand schlagen oder streicheln? Mit diesem Verständnis wird das Schlaginstrument lebendig und es wird sich auch für den Sub anders anfühlen, wenn er damit berührt wird. Beginnen Sie mit sanften Schlägen, steigern Sie dann das Tempo, streicheln Sie dazwischen sanft über den Po Ihrer Geliebten und stellen Sie sich vor, dass Sie Ihrer Partnerin ein sinnliches Erlebnis schenken möchten.

»Schatz, lass mal nachsehen, ob du schon feucht bist.« Stecken Sie einen Finger in die Muschi Ihrer Liebsten und lassen Sie sie daran lecken.

»So schmeckst du. Probier mal! Lecker.«

Christian Grey ließ den Knauf seiner Peitsche in der Lusthöhle seiner Liebsten verschwinden. So können Sie es natürlich auch machen. Wichtig ist, dass Sie feststellen, wie bereit Ihre Partnerin nun für den sexuellen Höhepunkt ist. Vielleicht soll sie erst mal allein zum Höhepunkt kommen, bevor Sie mit Ihrem harten Penis in sie eindringen? Jetzt dürfen Sie Ihrer Leidenschaft freien Lauf lassen und sich so richtig austoben.

Lass mich dein Pony sein:
Pet-Play und andere wilde Tierspiele

Auf der diesjährigen Venus, der größten internationalen Erotik-Messe in Berlin, sorgte ein ganz besonderes Spektakel für Aufsehen. Eine Kutsche wurde von einem menschlichen Pony gezogen. Unter dem schwarzen hautengen Latexkostüm steckte offensichtlich ein muskulöser Mann, der auf dem Kopf eine Pferdemaske trug.

Wenn man es mag, sich wie ein Tier zu fühlen und von einem Partner dominiert zu werden, ist das ein Fetisch, der als Petplay bezeichnet wird. Dieser Begriff wird von dem englischen Wort »pet« abgeleitet, was so viel wie Haustier bedeutet.

Vielleicht fragen Sie sich, was Menschen dazu bringt, sich wie ein Tier zu verhalten – und was das mit Erotik zu tun hat. Ich habe mich mit einigen Leuten unterhalten, die auf diesen Fetisch stehen. »Ich muss keine Verantwortung mehr haben in diesem Augenblick«, erklärte mir Vera, die gern mit ihrem Freund zusammen Ponydressur betreibt. »Ich konzentriere mich nur auf meine Bewegungen und genieße es, wenn mich mein Dressurmeister lobt.«

»Ab und zu machen wir sogar bei einem Ponyrennen mit«, erklärte mir ihr Freund Werner, dem es Freude macht, seine Freundin an die Kandare zu nehmen und mit ihr auch im Freien zu trainieren.

»Mich interessiert durchaus auch die sportliche Seite, mit so einem menschlichen Tier zu trainieren und ihm Kunststücke beizubringen. Aber es ist noch mehr als das, es entsteht eine sehr innige Verbindung dadurch zwischen uns und das beflügelt dann auch unsere Sexualität.«

Da ich ein neugieriger Mensch bin, wollte ich das mit meinem Freund auch einmal ausprobieren, und wir besuchten einen entsprechenden Workshop. Dort musste ich mich als Erstes zäumen lassen. Das Metallstück im Mund schmeckte nicht besonders gut und es war ein komisches Gefühl, nun von einem anderen Menschen am Zügel geführt zu werden.

»Hü, meine Stute«, spornte mich mein Freund an. Ganz einfache Dinge wurden zum Problem. Ich sollte nach rechts gehen, seitwärts schreiten oder ein wenig galoppieren. Ich sollte verschiedene Gangarten ausprobieren, die Hufe heben und über Hindernisse schreiten. Leichter gesagt als getan: Ich spürte zwar die Zügel, die mit meinem Mund verbunden waren, aber trotzdem war es anstrengend herauszufinden, was ich tun sollte. Am einfachsten lässt sich diese Ponydressur meiner Meinung nach mit dem Tangotanzen vergleichen. Auch dort muss man sich als Frau führen lassen, muss sich sehr intensiv auf den Partner einstellen und sich über den Körper und dessen Bewegungen miteinander verständigen. Da wir in einer Gesellschaft leben, in der Sprache und Verstand meiner Meinung nach oft ein wenig überbewertet werden, ist es interessant, ab und an einmal nur den Körper sprechen zu lassen. Dadurch entsteht eine direkte Verbindung zu unseren Gefühlen und unseren Instinkten, die wir dann auch als sexuelle Triebhaftigkeit genussvoll ausleben dürfen. Als ich am Ende des Workshops völlig entkräftet auf der Stelle trabe, packte mein Freund eine Tüte mit klein geschnittenen Karotten aus, die er extra von zu Hause mitgebracht hatte. Das fand ich supersüß von ihm!

Sich als Pony zu verkleiden ist ein wenig aufwendig und schon ein recht spezielles Spiel, bei dem man auch viel Training benötigt. Einfacher ist es, wenn Sie erst einmal in die Rolle eines Hundes oder einer Katze schlüpfen. Auch diese Rolle habe ich ausprobiert. Hundehalsbänder gibt es in jedem Tierfachhandel und natürlich können Sie sich auch ein exklusiveres Modell in einem Erotik-Geschäft besorgen.

»Sitz!«, befahl mir mein Freund, und folgsam setzte ich mich vor ihn und strahlte ihn erwartungsvoll an.

»Braver Hund!«, tätschelte er mir den Kopf.

»Wuff. Wuff«, ich schnüffelte auf dem Boden und begann mich in meiner Rolle als Huskie pudelwohl zu fühlen.

»Stillhalten, damit ich dir das Halsband anlegen kann«, befahl mir mein Freund.

»Komm, wir gehen jetzt Gassi«, schlug er vor und wollte mich zur Tür führen. Auf die Straße gehen, wo mich alle sehen können? Nein das war mir zu viel und ich rebellierte.

»Ggrrr ...«, knurrte ich böse und zerrte in die andere Richtung. Mein Freund war ein wenig hilflos, denn mit diesem Widerstand hatte er nicht gerechnet.

»Böser Hund«, schalt er mich und versuchte an der Leine zu ziehen. Das Hundehalsband schnitt in meinen Hals ein, und das fand ich überhaupt nicht gut. Er würde schon sehen, mit wem er sich anlegte. »Wau, wau«, bellte ich noch zorniger und schnappte nach seinem Bein.

»Miststück«, fluchte mein Freund und begann nach mir zu treten. Das hätte er lieber nicht tun sollen, denn in Sekundenschnelle hatte ich ihn auf den Boden geworfen und wir balgten uns wie zwei übermütige Kinder.

»Wirst du wohl aufhören!«, befahl er mir, und da er stärker war, fühlte ich mich von ihm bald überwältigt. Es tat gut, ihn in seiner männlichen Kraft zu erleben, und das machte mich an. Er stellte einen Fuß auf meinen Rücken und ich gab mich geschlagen. Nun wollte ich auch die Freuden des Hundedaseins auskosten und legte mich auf den Rücken, streckte alle viere von mir und wollte mich kraulen lassen.

»So, bist du jetzt wieder lieb?«, fragte mein Freund noch ein wenig misstrauisch, aber er begann meine Brüste und meinen Unterleib zu streicheln. Ich jaulte vor Freude auf und begann hechelnd meine Zunge rauszustrecken.

»Magst du mal lecken?«, fragte mein Freund und dirigierte mich zwischen seine Beine.

»Sehr gut machst du das«, lobte er mich, als er mit geschlossenen Augen meinen Kopf hielt.

Eine Schulstunde oder:
Wie ich lernte, einen Schwanz zu blasen

In der BDSM-Szene ist es durchaus üblich, erotische Fantasien auch in einer Gruppe auszuleben. Natürlich spielt man mit dem eigenen Partner ein wenig anders als mit Menschen, die einem nicht so nahestehen. Aber der Reiz von SM liegt unter anderem auch darin, neue Facetten der Sexualität auszuprobieren, die über den normalen Geschlechtsverkehr hinausgehen. Die Erregung entsteht oft durch neue und ungewohnte Spielsituationen, in denen vor allem die konsequente Rollenverteilung von Dominanz und Hingabe eine entscheidende Rolle spielt und auf viele Menschen erregend wirkt. Auch voyeuristische und exhibitionistische Aspekte – also das Zuschauen und Sich-zur-Schau-Stellen –, sind dabei von Bedeutung und können als erotischer Kick erlebt werden. Wenn man in SM-Klubs spielt, findet man sich oft von Menschen umgeben, die SM äußerst ernst nehmen und ein Lächeln würde ihnen nie auf die Lippen kommen. Es gibt aber auch SM-Gruppen, bei denen Lachen erlaubt ist, wie in einer Berliner Gemeinschaft, in der ich einmal eine sehr witzige SM-Gruppeninszenierung erlebt habe.

Doch auch wenn Sie SM nur mit Ihrem Partner leben möchten, wird sie mein erotisches Abenteuer sicher inspirieren.

Es wurde zu einer ganz besonderen Schulstunde eingeladen und zunächst konnte ich mir darunter nicht so viel vorstellen. Aber als ich den Raum der alten Fabrikhalle in der Uferstraße betrat, bekam ich eine Ahnung von dem, was mich erwarten sollte. Der etwas schäbige Raum war mit alten Schulbänken dekoriert, so wie ich es aus meiner eigenen Schulzeit noch kenne. Die ersten Schüler waren bereits eingetroffen und hatten sich für diesen Anlass besonders hübsch gemacht. Ein asiatisch aussehender junger Mann hatte ein witziges Matrosenkostüm angezogen, eine Frau um die 40 kam im Miniröckchen und hatte einen Teddybären im Arm, der gefesselt war. Mein Banknachbar hatte bereits sein Frühstücksbrot ausgepackt, es flogen Papierflugzeuge durch den Raum, ein Mädchen schrie laut auf, weil sie an den Haaren gezogen wurde ... es herrschte Chaos. So wie ich es aus der Schulzeit kenne.

»Wenn unsere Lehrerin das hinbekommt, dann ist sie echt gut!«, flüsterte mein Nachbar mir vertraulich ins Ohr. Jetzt kam Frau Lehrerin in den Raum und der Lärmpegel stieg noch beträchtlich an.

»Wer nicht sofort ruhig ist, muss das Klassenzimmer verlassen«, schrieb sie auf die Tafel, und danach wurde es merklich stiller.

»Guten Morgen, ich bin eure Lehrerin und werde euch heute Biologie unterrichten. Aber jetzt möchte ich erst einmal eure Namen kennenlernen.«

Wir mussten nacheinander aufstehen und uns vorstellen.

»Sehr gut, Schüler. Aber jetzt benötige ich noch einige Hilfslehrer, die mir im Unterricht unterstützend zur Seite stehen.«

Erst hatte ich mich gemeldet, um in der dominanten Rolle zu sein, als ich dann aber vor der Schulklasse stand, stellte ich fest, dass ich auf diese wilde Meute keine Lust hatte, und verzog mich stattdessen auf die hinterste Bank, die Streberabteilung, wie sich später herausstellen sollte. Von einem der Hilfslehrer wurde ich aufgefordert, die Tafel zu wischen, und Hand in Hand mit meiner neuen Banknachbarin tippelte ich nach vorn. Ich fühlte mich in meine Vergangenheit zurückversetzt, als ich eine allerbeste Freundin hatte, mit der ich alles im Leben teilen wollte. Andere Schüler waren allerdings nicht so brav wie ich und zwei balgten sich sogar, bis die Fetzen flogen. Den Assistenten gelang es nur bei Anordnung höchster Strafen, die beiden Störenfriede auseinanderzubringen.

»Jetzt wollen wir mal gemeinsam lesen, was ich euch an die Tafel geschrieben habe«, erklärte uns Frau Lehrerin und rückte dabei energisch ihre strenge Brille zurecht. Augenblicklich wurde es still in der Klasse, denn was an der Tafel stand, hörte sich vielversprechend an: »Saugen, lecken, blasen«, lasen wir alle laut im Chor.

»Sehr schön, Kinder. Aber das machen wir gleich noch einmal und diesmal bitte etwas lauter.«

»Saugen, lecken, blasen«, schrien wir durch das Klassenzimmer und amüsierten uns königlich dabei.

»Um den Unterricht jetzt etwas anschaulicher zu gestalten, möchte ich den Lernstoff jetzt gern an einem Demonstrationsobjekt verdeutlichen.«

Eine der Assistentinnen trat vor die Klasse und präsentierte stolz ihren Strap-on-Dildo, der wie eine Eins nach oben stand.

»Wer meldet sich freiwillig, um der Klasse vorzuführen, wie man einen Schwanz bläst?«, fragte die Lehrerin und schaute streng in die Runde von aufgestachelten Erwachsenen.

»Ich, Frau Lehrerin«, säuselte die Frau mit dem Bondage-Teddybär.

»Sehr schön, gib mir bitte mal den Bären zum Halten, damit du beide Hände frei hast, Sarah.«

Nun kniete sich Sarah vor den Gummipenis und begann uns ihre Blowjob-Künste vorzuführen.

»Nicht schlecht«, lobte die Lehrerin und strich sich dabei die hochtoupierten Haare zurecht.

»Aber ich denke, das geht noch besser. Vielleicht sollte uns das jetzt mal ein junger Mann vorführen. Die Jungs wissen das oft besser und können den Mädels mal zeigen, was ihnen gefällt.«

Ein rotzfrecher Bengel im grauen Kapuzenshirt, etwa 30 Jahre alt, machte sich eifrig an die Arbeit und nahm den Gummipenis bis zum Anschlag in den Mund. Hingebungsvoll saugte er an dem guten Stück und die Assistentin strich ihm aufmunternd über den Kopf.

Die Lehrerin war voll des Lobs. »Das hast du prima gemacht. Man sieht, dass du das nicht zum ersten Mal probiert hast. Du bekommst eine Eins und für dich habe ich gleich noch eine Belohnung. Wie war noch gleich dein Name?«

»Rudi«, antwortete der Kapuzenjunge erfreut. Dann nahm Frau Lehrerin den gefesselten Teddybär und zog auf ihm noch einen kleinen Strap-on-Dildo an. »Hier üben jetzt bitte noch einmal die Anfängerinnen. Laura, komm mal vor.«

Es sah absurd aus, wie Laura den Teddybär oral verwöhnte, und es war eine so komische Situation, dass es irgendwie auch wieder erregend wirkte, so spielerisch und hemmungslos mit Sexualität umzugehen. Nachdem einige von uns mehr oder weniger leidenschaftlich ihr Talent zum Oralverkehr bewiesen hatten, wurden die nächsten pädagogisch sinnvollen Erziehungsmaßnahmen ergriffen.

»Rudi, komm bitte mal nach vorn. Du hast das von allen am besten gemacht und zur Belohnung darfst du dir jetzt ein Mädchen aussuchen, dem du ein wenig den Popo verhauen darfst.«

Grinsend schnappte sich Rudi den zierlichen Asiaten im Matrosenkleidchen und hob dessen Röckchen. Dass sein Opfer keinen Slip trug, passte gut für die kleine Bestrafungsszene. »Luan

Lin bekommt jetzt fünf Klapse auf den Po und wir werden dabei Fremdsprachen üben. Ihr zählt jetzt bitte alle erst einmal auf Deutsch mit. Die nächsten fünf Klapse werden dann auf Englisch, Französisch und Norwegisch mitgezählt.«

Bei Norwegisch musste ich passen, aber da schellte auch schon die Schulglocke und wir durften in die Pause gehen.

Variante: Einzelunterricht

Wenn Sie eine Schulstunde mit Ihrem Liebsten nachspielen, dann sollten Sie eine Tafel und Kreide haben, einen Rohrstock und ein Lineal, mit dem man durch Schläge auf die Handrücken bestrafen kann. Natürlich benötigt eine Lehrerin auch ein resolutes Auftreten. Ein strenges Erscheinungsbild mit Haarknoten, Brille und engem Bleistiftrock hilft dabei, sich besser in die Rolle hineinzuversetzen. Der Schüler sollte auch entsprechend jugendlich aussehen und darf ruhig etwas frech sein. Aber nicht zu aufsässig, sonst wäre dafür eine Sonderschule zuständig, und dafür benötigen Sie weitere Assistenten.

Stellen Sie absurde Aufgaben, die natürlich auch mit Erotik und Sexualität zusammenhängen und für eine prickende Atmosphäre sorgen. Etwa so: Lassen Sie sich mindestens zehn verschiedene Begriffe für die Vagina nennen. Nun soll Ihr Schüler auf Anhieb Ihre Klitoris finden. Was, da kennt er sich nicht aus? Sofort Hosen runter und Sie dürfen sich auf seinem blanken Hintern austoben. Dann sollten Sie ihm genau zeigen, wo sich Ihre Lustknöpfe befinden, und ihm ausführlich erläutern, wie er diese zu bedienen hat.

Unter dem Schleier ...

Erotik lebt von Spielen mit Tabus, von Fantasien, die man im wirklichen Leben oft ganz und gar nicht korrekt findet, die einen jedoch in einer Spielsituation erregen.

Vor allem die Religion ist ein interessantes Gebiet: Einerseits empfinden die meisten Menschen eine große Hemmung, diesen Bereich mit Sexualität in Verbindung zu bringen – andererseits kann gerade dieses Verbot auch ziemlich reizvoll sein.

Sie können sich für ein Spiel mit religiösen Verboten in eine katholische Nonne oder in einen Priester verwandeln. Oder Sie verstecken Ihre Sexualität unter einer Burka. Dies ist ein einteiliger Körperschleier, der von Frauen in islamischen Ländern getragen wird, meist nur die Augen frei lässt oder bei der ein Teilstück vor der unteren Gesichtshälfte abnehmbar ist. Es gibt aber auch arabische Länder, in denen Frauen noch nicht einmal ihre Augen zeigen dürfen, und selbst die Sehschlitze der Burka sind durch einen Schleier geschützt, der zwar das Herausschauen ermöglicht, aber gewährleistet, dass die Augen der verhüllten Frau für den Betrachter unsichtbar bleiben.

Vielleicht finden Sie es auch spannend, mit dem Thema Verhüllung zu spielen und zu sehen, wie es auch Ihre Sexualität beeinflussen kann? Probieren Sie ruhig einmal aus, wie es sich anfühlt, wenn Sie völlig verschleiert sind. Das Interessante dabei ist nämlich: Obwohl die Verschleierung die Frau vor den Blicken der Männer schützen soll, übt gerade diese Verschämtheit einen ungeheuren Reiz aus. Besorgen Sie sich ein langes Gewand und stellen Sie sich aus einem Stück Stoff einen Schleier her, bei dem nur noch die Augen zu sehen sind.

Wie fühlt es sich als Frau an, die eigene Persönlichkeit und Sexualität so sehr zu verstecken? Macht es Sie eher zu einem asexuellen Wesen oder stimuliert es Sie sogar, sich hinter einer solchen Maske verstecken zu können? Und wie fühlt es sich für einen Mann an, wenn seine Partnerin auf einmal sehr ungewohnt gestylt die Tür öffnet und ihren Ehegatten ins Wohnzimmer führt?

Wer ist nun in der dominanten Rolle? Der männliche Part, der unverschleiert ist – oder die Frau, die ihr Gesicht vor dem Partner verbirgt? Ich würde bei diesem Rollenspiel vorschlagen, dass die Frau in der dominanten Rolle ist. Die Frau bestimmt also den Ablauf des Abends, sie entscheidet, was der Mann zu sehen bekommt und wann er sie berühren darf. Sie ist die Herrin im Haus – und das darf sie auf unmissverständliche Weise zeigen.

Wir sind inzwischen daran gewöhnt, durch ein Überangebot an sinnlichen Reizen verführt zu werden: Kaum schalten wir den Fernseher an, wollen nackte Frauen uns zu einem kostenpflichtigen Erotik-Chat einladen. Auch in den meisten Werbeclips präsentieren hübsche junge Mädchen ihre Schönheit. »Sex sells«, heißt es oft.

Interessant ist es deshalb, einmal mit dem Gegenteil zu spielen: Was passiert, wenn Sie mit Ihren äußeren Reizen geizen? Wetten, damit schüren Sie das Verlangen auf eine viel subtilere Art und Weise? Vielleicht hat Ihre innere Göttin sich schon öfter darüber beschwert, dass Ihr Partner Ihnen schon lange nicht mehr verliebt in die Augen geschaut hat? Wenn Sie sich einen Abend lang ganz verhüllt zeigen und nur noch Ihre Augen zu sehen sind, wird er sich daran nicht sattsehen können. Bereiten Sie für diesen Abend leckere Vorspeisen vor, am besten Fingerfood. Das hat einen besonderen sinnlichen Reiz.

»Liebling, mach uns doch schon mal einen Prosecco auf«, könnten Sie zum Beispiel vorschlagen und Ihrem Partner dabei zusehen, wie er die Gläser auf den Tisch stellt und Sie bedient. Wenn er Sie küssen will, ist das aber (noch) nicht erlaubt.

»Mach einfach mal den Mund auf, Schatz«, könnten Sie ihn locken und ihm ein paar leckere Oliven in den Mund schieben. Streicheln Sie dabei mit Ihrem Finger über seine Lippen und werfen Sie ihm vielsagende Blicke zu. Ihr Mann soll Ihnen heute aus der Hand fressen und so machen Sie ihn gefügig. »Liebster, es ist so heiß hier drinnen. Kannst du mir mal meinen Fächer holen?«, könnten Sie nach dem Essen vorschlagen. Falls Sie so etwas nicht zur Hand haben, können Sie auch anderweitig mit der Verführung fortfahren. Lehnen Sie sich entspannt auf dem Stuhl zurück und heben Sie Ihr Gewand ein wenig an. Fächeln Sie sich mit den Händen oder dem Stoff ein wenig Luft zu, ganz beiläufig, so als ob Sie das nur für sich tun, und ignorieren Sie dabei Ihren Partner. Natürlich können Sie dieses erotische Vorspiel noch steigern, wenn Sie als Frau vielleicht sogar unter dem Kleid einen Dildo in sich einführen und mit Ihrem Körper spielen, während Ihr Partner nur Ihr verzücktes Augenrollen sieht. Und wenn Sie ihm dann so richtig eingeheizt haben, darf er Ihre Verkleidung weiter nach oben schieben, damit er genau zusehen kann, wie Sie sich selbst verwöhnen. Und wenn Ihnen danach ist, dann darf er auch mitmachen. So wie Ihnen das passt.

Fisting, Facesitting, Duschspiele – Praktiken für Ihre SM-Session

In diesem Kapitel erfahren Sie mehr über extremere sexuelle Spielvarianten, mit denen Sie intime Erfahrungen machen können. Es wird Ihre Partnerschaft vertiefen, wenn Sie die eigenen Grenzen immer wieder hinterfragen und erweitern.

Vaginales Fisting für Novizen

Fisting ist nicht ausschließlich eine SM-Technik, aber da sich die eine Person bei diesem intimen Liebesakt sehr empfangend und hingebungsvoll verhält und sich völlig in die Hände des dominanteren Partners begibt, halte ich es für eine Liebestechnik, die sich gut in eine SM-Session einbauen lässt. Fisting bedeutet, dass man eine Hand oder in extremen Fällen sogar den Unterarm in die Vagina oder auch in den Anus einführt. Es ist ein sehr intimer sexueller Akt der Liebe und benötigt viel Vertrauen und Hingabe vonseiten des passiven Parts und natürlich versteht es sich von selbst, dass der dominante Partner dabei sehr einfühlsam und vorsichtig sein muss.

Wenn Sie es noch nie ausprobiert haben, dann schlage ich vor, dass Sie mit einem Fisting der Vagina beginnen, denn das ist meist einfacher. Sie sollten medizinische Latexhandschuhe benutzen, denn dadurch können Sie kleinen Verletzungen der Schleimhaut vorbeugen. Es ist auch hygienischer, denn Sie werden ganz tief in Ihre Liebste eindringen. Gleitgel auf Wasserbasis ist natürlich auch ganz wichtig. Ich beschreibe das Fisting an dieser Stelle aus Sicht des männlichen Partners, da er deutlich häufiger derjenige ist, der es aktiv ausführen wird: Bitten Sie Ihre Partnerin, mit dem Rücken auf dem Bett oder auf dem Sofa zu liegen und die Beine weit zu spreizen. Man kann natürlich auch in anderen Positionen fisten, etwa wenn die Frau auf allen vieren kniet, aber für den Anfang ist es einfacher in der Rückenlage. Damit Ihre Partnerin sich gut entspannen kann, sollten Sie sie zunächst ein wenig im Genitalbereich streicheln und massieren. Vielleicht schätzt Sie auch orale Befriedigung. Egal, was Sie als Dom tun – sorgen Sie dafür, dass Ihre Partnerin erregt ist und es kaum abwarten kann, von Ihnen penetriert zu werden. Manche Frauen lieben einfach das Gefühl, voll und ganz ausgefüllt zu werden. Schenken Sie Ihr dieses Vergnügen! Nachdem Sie die Latexhandschuhe angezogen und ausreichend mit Gleitgel bestrichen haben, dürfen Sie damit beginnen, einen Finger in die Vagina Ihrer Partnerin einzuführen. Wenn das richtig gut gelingt, dann am besten gleich zwei oder auch drei Finger nachschieben, damit sich die Vagina öffnet und entspannt. Genießen Sie dabei den wunderschönen Anblick ihrer geöffneten Lippen. Jede Muschi sieht anders aus, sie ist so etwas wie das zweite Gesicht einer Frau und hat einen ganz individuellen Ausdruck. Leider haben viele Frauen immer noch das Gefühl, diesen schönen Körperteil verstecken zu müssen, oft fehlt es sogar an der sprachlichen Ausdruckskraft, um die Vagina zu beschreiben. »Fass mich mal unten zwischen meinen Beinen an«, sagen viele Frauen, anstatt ihrer Muschi einen ganz individuellen Namen zu geben. Frauen sind besorgt, dass sie vielleicht nicht so gut riechen, dass es einen Mann stören könnte, diesem Körperteil oral zu nahe zu kommen. In der Sexualität stecken noch viele Ängste, die wir seit vielen Generationen mit uns herumschleppen.

Fisting kann eine Möglichkeit sein, dem Partner sehr nahe zu kommen und ein intimes Band zu schaffen. Es ist schön, wenn der Mann seiner Partnerin in diesem intimen Moment auch sagt, wie schön er ihre Vagina findet, und beschreibt, was er sieht: »Liebling, du weißt gar nicht, wie sehr mich der Anblick deiner geöffneten Lustlippen anmacht. Du siehst wunderschön aus, wie du so hingebungsvoll vor mir liegst. Dir einfach nur zuzusehen ist wunderschön.«

Wenn Ihre Partnerin sich weit geöffnet hat, können Sie beginnen, die ganze Hand einzuführen. Üben Sie vorher folgenden Handgriff: Die Spitzen von Zeige-, Mittel- und Ringfinger berühren einander, Daumen und kleiner Finger liegen locker an. Versuchen Sie, dabei Ihre Hand möglichst schmal zu machen. Wenn

Sie die Hand einführen, sollte der Handrücken zunächst nach oben – also zur Bauchdecke der Frau hin – zeigen, beim Hineingleiten drehen Sie Ihre Hand dann um die eigene Achse, sodass jetzt die Handfläche nach oben zeigt. Diese spiralförmige Drehbewegung ermöglicht es Ihnen, sehr vorsichtig und mit geringem Widerstand in die Vagina hineinzugleiten – zunächst nur mit zwei oder drei Fingern und später mit der ganzen Hand. Erforschen Sie nun vorsichtig, wie weit Sie ohne größeren Widerstand hineingleiten können. Es ist ein interessantes Gefühl, so tief in den weiblichen Körper vorzudringen. Ich kenne einige Frauen, für die Fisting die absolute sexuelle Erfüllung bedeutet. Sie lieben es, endlich mal ganz ausgefüllt zu sein, und sie erleben den starken Druck auf den G-Punkt als sehr stimulierend. Vor allem auch Frauen, die bereits Kinder bekommen haben und bei denen Beckenboden und Vagina schon etwas gedehnt sind, finden Fisting oft sehr angenehm und sexuell stimulierend. Fisting hat aber auch eine starke emotionale Komponente, denn die Frau ist dabei ihrem Partner sehr ausgeliefert. Sie erlaubt es, sich in ihrem Innersten berühren zu lassen, auf einer körperlichen, aber natürlich auch auf einer emotionalen Ebene. In dieser Position ist sie hilflos und deshalb setzt es ein großes Vertrauen voraus, wenn sie es erlaubt, dass jemand so tief in sie eindringen darf. Für den Liebhaber kann es auch ein sehr schönes Gefühl sein, wenn ihm so viel Vertrauen entgegengebracht wird. Aber es kann natürlich auch Ängste auslösen. Als ich es das erste Mal mit einem Freund versuchte, kam alles etwas anders als erwartet.

»Lass uns doch mal Fisting ausprobieren«, schlug ich an einem verregneten Sonntagnachmittag meinem Liebsten vor.

»Jetzt gleich?« Mein Freund war nicht ganz so angetan von dieser Idee wie ich, das merkte ich sofort. Eigentlich war er gerade mit Facebook beschäftigt.

»Ja, wieso denn nicht? Du bist doch sonst nicht so schüchtern«, forderte ich ihn heraus.

»Also gut, wie machen wir das?«, gab er nach.

»Gleitgel haben wir im Haus, Latexhandschuhe auch«, gab ich professionell den Ton an und strich dabei verführerisch über seinen Reißverschluss. Sein Schwanz reagierte nicht auf diese verlockende Liebkosung und das hätte mich schon stutzig machen sollen. Irgendwie wirkte er ein wenig verunsichert. Aber wenn ich mir etwas in den Kopf gesetzt habe, dann will ich es in der Regel auch durchziehen. Keine Ahnung, ob das eine gute oder eine schlechte Eigenschaft ist, auf alle Fälle wird es mir auf diese Art nie langweilig.

»Lass uns am besten alles im Schlafzimmer vorbereiten und dann schauen wir einfach mal, was passiert«, schlug ich vor. Mein Freund war damit einverstanden und als er mich nackt mit geöffneten Schenkeln auf dem Bett liegen sah, fand er es dann wohl doch recht aufregend.

»Gleich fangen wir an, mein Schatz«, erklärte er mir und streifte sich etwas nervös die Handschuhe über.

»Entspanne dich«, schlug ich vor, dabei hätte doch eigentlich ich diejenige sein müssen, die angespannt sein sollte. Vorsichtig verwöhnte mein Freund meine Muschi und saugte hingebungsvoll an meinen Lustlippen.

»Oh, wie gut du das machst«, stöhnte ich und genoss unser Spiel. Aber irgendwann hatte ich doch das Gefühl, dass es jetzt mal zur Sache gehen sollte.

»Komm mit deiner Hand in mich rein, ich will dich spüren«, schlug ich ihm vor.

»Gleich, ich hol nur mal das Gleitgel«, informierte mich mein Freund.

»Meinst du, das reicht?«, fragte er mich und hielt mir seine glitschige Gummihand vors Gesicht.

»Ja, ich denke schon, versuch es doch einfach.« Ich war inzwischen auch ein wenig nervös und versuchte mich trotzdem locker zu machen. Es fühlte sich interessant an, als er zwei Finger in mich hineingleiten ließ, und auch bei drei Fingern war meine Muschi noch begeistert. Dieses Gefühl kannte sie und erfreut öffnete sie sich noch ein wenig.

»Wie gefällt dir das?«, fragte mein Freund neugierig.

»Oh, schön. Mach einfach weiter«, ermunterte ich ihn. Erneut versuchte er nun voranzukommen und mir seine ganze Hand zu geben. Er tastete sich langsam in mich hinein, aber ich konnte fühlen, dass er nicht so recht bei der Sache war. »Vielleicht solltest du dich mal auf den Bauch drehen«, schlug er vor. »Wieso denn das?« Ich war ein wenig irritiert.

»Das fände ich spannender«, gab er zu.

»Oh, es macht ihm also keinen Spaß, mich zu fisten«, ging es mir durch den Kopf und innerlich zog ich mich von ihm zurück. Das setzte meine Vagina dann auch gleich um und meine feuchte Muschel verschloss sich wieder.

»Was ist denn los? Du wirst auf einmal wieder so eng«, bemerkte mein Freund ganz enttäuscht.

»Du magst mich nicht«, jammerte ich. »Ich merke, dass du keine rechte Lust auf mich hast.«

»Stimmt doch gar nicht«, beruhigte er mich. Aber so recht

kamen wir nicht in Stimmung an diesem Nachmittag und beendeten unseren ersten Fisting-Versuch. Wir umarmten uns eine Weile und hielten uns einfach nur fest.

»Was war denn los?«, fragte ich ihn.

»Ach, ich weiß auch nicht. Es war so ein komisches Gefühl, in deinem Inneren zu sein. Das hat mich irgendwie an Schwangerschaft und Geburtshilfe erinnert und das fand ich nicht sehr erregend.«

Okay, immerhin konnte er darüber reden, was ihm Schwierigkeiten gemacht hatte.

»Wie war es denn für dich?«, fragte er.

»Ich habe mich unwohl gefühlt, so in der passiven Rolle zu sein, vor allem weil ich gemerkt habe, dass dir irgendetwas nicht gefällt«, gab ich zu. Nicht jede sexuelle Praxis macht gleich auf Anhieb Spaß und manche Sachen gefallen uns eben auch einfach nicht. Aber zumindest hatten wir es ausprobiert!

Doch wie gesagt: Ich kenne viele Paare, die sehr auf Fisting abfahren. Machen Sie am besten Ihre eigenen Erfahrungen und auf alle Fälle wird es Ihre Beziehung bereichern, etwas Neues gemeinsam auszuprobieren.

Facesitting für Queens

Dominanz lässt sich auf vielfältige Weise ausdrücken. Allein schon bestimmte Positionen, bei denen ein Partner über dem anderen sitzt, kniet oder liegt, geben beiden Gefühle von Über- und Unterlegenheit. Eine ganz spezielle Variante von Dominanz ist das Facesitting. Dieser Begriff kommt aus dem Englischen und bedeutet, dass man auf dem Gesicht seines Liebsten sitzt. Üblicherweise ist es beim Facesitting die Frau, die damit ihre weibliche Dominanz zum Ausdruck bringt, aber natürlich kann es auch umgekehrt sein. Aber in diesem Kapitel möchte ich speziell Frauen in ihrer dominanten Rolle ansprechen.

Wir Frauen sind ja oft so erzogen, dass wir in unserer Partnerschaft auf Harmonie und Gleichberechtigung Wert legen. Aber was im Alltag seine Richtigkeit hat, kann in der Sexualität schnell etwas langweilig werden. Erotische Spannung ergibt sich aus der Unterschiedlichkeit und diese kann auch in körperlicher Überlegenheit ausgedrückt werden. Da Männer rein physisch meist das stärkere Geschlecht sind und es deshalb manchmal bei SM-Spielen leichter haben, weil sie uns leicht überwältigen könnten, finde ich es sehr reizvoll, wenn Frauen auch einmal in einer körperlich sehr starken Position sind. Facesitting kann mit Kleidern ausgeführt werden, aber natürlich auch nackt oder in aufreizender Wäsche. Ich finde, es ist ein sehr aufregendes Gefühl, wenn ich mich körperlich stark fühle und dem Mann das unmissverständlich zeigen kann. Vor allem wenn Sie sich gern oral verwöhnen lassen, ist dies eine wunderbare Position, um dem Mann zu zeigen, was Sie gern hätten – und wie Sie es gern hätten.

Wenn Sie nackt sind, dann können Sie bestimmen, wo Ihr Partner sie mit seiner Zunge verwöhnen soll. Geben Sie ihm ruhig Anweisungen, was Sie gern möchten. Dann wird das Facesitting gleichzeitig auch zu einer kleinen Unterrichtsstunde in Sachen Cunnilingus. Was Sie vielleicht normalerweise nicht zu sagen wagen: »Schatz, du leckst an der falschen Stelle«, können Sie auf diese Weise in eine SM-Schulstunde verwandeln. Dann fühlt sich Ihr Partner nicht verletzt und ist im Gegenteil lernwillig, denn er möchte ja seinen devoten Part gut erfüllen.

Probieren Sie aus, wie Sie am besten auf dem Gesicht Ihres Partners sitzen können. Ich finde es am einfachsten, über seinem Oberkörper zu knien, meinen Partner erst ein wenig mit Küssen zu stimulieren ... und wenn seine Zunge so richtig in Fahrt gekommen ist, schiebe ich mich weiter nach oben, bis meine Möse über seinem Mund ist. Probieren Sie aus, welche

Sitzhaltung für Sie am besten funktioniert. Und sagen Sie Ihrem Liebsten genau, was Sie gern hätten. Männer lieben klare Ansagen.

»Bitte ein wenig langsamer. Ja genau, dieses Tempo gefällt mir! Und jetzt steck mal deine Zunge tief in mich hinein. Du sollst wissen, wie ich schmecke. So ein Privileg bekommt ein Mann von mir nur selten. Aber heute bin ich mal großzügig.«

Wenn Sie über dem Gesicht Ihres Partners sitzen, dann hat das den Vorteil, dass Sie durch Ihre Sitzposition gut bestimmen können, wie Ihre erogenen Lustzonen stimuliert werden. Sie rutschen einfach dorthin, wo es sich am besten anfühlt. Natürlich können Sie das Facesitting auch ein wenig härter betreiben.

»So, mein Schatz, ich finde, du hast jetzt genug an meinem Po herumgespielt. Du sollst dich jetzt mehr auf deine eigentlichen Aufgaben konzentrieren«, und Ihrem Partner dabei die Hände fesseln oder ihn mit Handschellen fixieren. Für Ihren Partner kann es sehr erregend sein, wenn er nun noch deutlicher in der passiven Rolle ist und gehorchen muss.

Vielen Männer gefällt es auch, einmal devot zu sein – vor allem die Männer, die beruflich sehr erfolgreich und angespannt sind, finden es oft wunderbar, wenn sie mal nicht mehr für alles verantwortlich sind, sondern Befehle von ihrer Liebsten entgegennehmen dürfen. Vor allem, wenn die auch noch mit Leidenschaft und Erotik kombiniert sind!

Facesitting kann ein sinnliches Erlebnis sein, bei dem die Frau sich oral verwöhnen lässt und in der dominanten Position ist, aber natürlich kann es auch zu noch härten Praktiken verleiten: Je nachdem, wie stark Sie Ihr Gewicht selbst halten oder auf dem Gesicht des Partners absetzen, können Sie bei Ihrem Liebsten auch mit Atemreduktion spielen oder ihn zumindest das Fürchten lehren. Ich selbst spiele nicht mit Atemreduktion, weil mir das zu gefährlich ist. Aber ich kenne Paare, die sich sehr gut kennen und für die das Spiel mit der Gefahr sehr prickelnd ist. Aber probieren Sie trotzdem einmal aus, sich ein wenig fester auf das Gesicht des Unterlegenen zu setzen, und testen Sie aus, wie weit Sie gehen können. Wenn Ihr Liebster unter Ihnen allerdings aufgeregt nach Luft schnappt, sollten Sie ihm eine kleine Erholungspause gönnen.

»So, mein Schatz, jetzt sollst du auch mal ein wenig verwöhnt werden«, könnten Sie Ihrem Liebsten vorschlagen. »Du hast so hart gearbeitet, jetzt wird es besonders schön für dich.«

In Gedanken freut sich Ihr Liebster nun vielleicht schon auf Ihre feuchte Muschi, die schon die ganze Zeit auf seinem Gesicht herumgerutscht ist und in die er jetzt am liebsten seinen Schwanz stecken würde. Aber wie langweilig wäre es, wenn alle Wünsche immer in Erfüllung gingen! Spielen Sie beim SM immer auch ein wenig mit Überraschungen und mit Dissonanzen. Beim nächsten Liebesspiel kommt dann wieder Tantra dran und da dürfen Sie sich eher harmonisch verwöhnen. Schüren Sie also seine erwartungsfrohe Neugierde: »Schatz, ich weiß ja, wie sehr du es liebst, wenn ich dir meine ganze Aufmerksamkeit widme. Jetzt ist der Zeitpunkt gekommen, wo es mal nur um dich geht.« Wenn Ihr Partner in dieser devoten Position unter Ihnen liegt und es ihm gefällt, von Ihnen dominiert zu werden, können Sie ihn nun mit extremen Sinnesreizen »verwöhnen«. Anregungen dazu finden Sie ab Seite 100. Klammern eigenen sich hervorragend. Aber auch das Wartenbergrad ist ein interessantes Gerät, um den devoten Partner auf besondere Weise zu erregen. Ursprünglich war das Wartenbergrad ein medizinisches Instrument zur neurologischen Untersuchung der Schmerzempfindlichkeit. Es sieht aus wie ein kleiner Roller mit spitzen Stiften, die in die Haut eindringen. Zur Not können Sie auch einen Pizzaroller oder andere Kücheninstrumente benutzen. Seien Sie erfinderisch!

Orgasmus durch Fußfolter

Wenn Sie schon einmal bei einer Fußreflexzonenmassage waren, dann wissen Sie, dass Füße äußerst empfindlich sind. Man kann sie baden, mit zarten Händen verwöhnen, eine wohlriechende Creme einmassieren ... und wenn Sub sich so richtig entspannt hat und an nichts Böses mehr denkt, kann man natürlich auch ein wenig extremere Sinnesreize ausüben und sich dazu auch einige »Folterwerkzeuge« besorgen. Machen Sie doch mal einen kleinen Rundgang durch Ihre Küche – Sie werden erstaunt sein, wie viele Küchenutensilien sich auch für eine lustvolle SM-Session eignen. Beginnen Sie als Dom am besten ganz sanft. »Schatz, du hast heute einen anstrengenden Tag gehabt. Soll ich dir mal ein wenig die Füße massieren?«

Sub denkt sich nichts Schlimmes und freut sich auf ein entspannendes Abendprogramm. Dass es dabei auch ein wenig heftiger später zugehen wird, weiß er noch nicht. Manche Sessions dürfen auch einfach Überraschungen sein.

»Mach es dir schon mal auf dem Sofa bequem«, können Sie Sub locken, ihm den iPod mit seiner Lieblingsmusik aufs Ohr stöpseln und ihm eine Schlafbrille aufsetzen. Beginnen Sie mit einer Fußwaschung, bei der Sub so richtig eintauchen kann in himmlische Entspannung. Es gibt spezielle Fußwannen aus Plastik, aber auch eine große Schüssel erfüllt den Zweck. Massieren Sie die Füße beim Waschen zärtlich, bewegen Sie die Zehen sanft hin und her, drehen Sie sie ein wenig um die eigene Achse, biegen Sie die Füße ein wenig nach rechts und links. Trocknen Sie Subs Füße mit einem Handtuch sorgfältig ab und reiben Sie sie anschließend mit einer Creme ein.

»Gefällt dir das, Schatz?«, könnten Sie unschuldig nachfragen, und wahrscheinlich ist Sub bereits entschlummert und träumt von hübschen Thaimädels auf Koh Samui, die dann als Nächstes zur Ganzkörpermassage übergehen. Lassen Sie sich Zeit mit den Streicheleinheiten, je mehr sich Sub in Ihre Hände begibt, desto besser läuft der zweite Teil des »Verwöhnprogramms«. Sie haben nämlich vorher bereits die Küche geplündert und nun schon alle nützlichen Utensilien zur Hand (siehe auch ab Seite 94). Beginnen Sie den zweiten Teil der Fußbehandlung erst einmal mit den Händen. Außer Streicheln und Massieren können Sie zum Beispielauch leichtes Kratzen, Kneifen und Drücken einsetzen (siehe auch ab Seite 70). So bereiten Sie Sub auf einen Szenenwechsel vor. Spätestens jetzt wird er aus dem Tiefschlaf wieder erwacht sein und sich wundern, was Dom sich denn jetzt wieder Raffiniertes hat einfallen lassen. Die Schlafbrille muss Sub natürlich trotzdem aufbehalten! Steigern Sie die Intensität Ihrer Massage langsam, aber nachdrücklich. Es gibt einige ganz fiese Druckpunkte auf den Fußsohlen und wenn Sie die erwischen, wird Sub garantiert wach werden. Ganz gemein ist auch Kitzeln an den Füßen. Man denkt das nicht unbedingt, aber für mich ist es ein sehr unangenehmes Gefühl. Man ist dem anderen hilflos ausgeliefert und das Gefühl, das diese Sinnesreizung auslöst, ist schwer zu beschreiben. Ich würde sagen, es ist eine Mischung zwischen lustvoller Hysterie und Agonie.

»Alles noch im grünen Bereich?«, kann Dom zwischendurch mal fragen. Wenn Sub noch antworten kann, ist alles bestens. Jetzt sollten etwas schwerere Geschütze zum Einsatz kommen. Mit Gabeln lassen sich nicht nur Rinderfiletstücke aufspießen, sondern man kann damit auch hervorragend in den Fußballen hineinpiksen. Autsch! Das tut richtig weh. Mit Messern sollte man natürlich vorsichtig umgehen, aber allein das Gefühl, dass jetzt ein scharfes Messer über den Fußrücken streichelt und jederzeit verletzen könnte, löst bei Sub sicherlich einige Schweißausbrüche aus. Haben Sie schon einmal versucht, mit dem Käsehobel über die Füße zu schaben? Es gibt immer ein erstes Mal! Und wie wäre es mit dem Pizzaroller? Mit einem Kochlöffel können Sie die Füße auch ein wenig weich klopfen. Auch Schaschlikspieße können kunstvoll zwischen die Zehen geschoben werden und ab und zu darf es auch ruhig mal etwas wehtun, wenn Dom ein wenig zusticht. Lassen Sie Sub doch mal raten, mit was Sie ihn im Augenblick quälen.

»Sag mal, Schatz, was glaubst du, womit ich gerade deine Fußsohlen verwöhne?« Er hat drei Chancen zu raten. Wenn er immer danebenliegt, wovon auszugehen ist, sollten Sie härtere Bestrafungsmaßnahmen in Erwägung ziehen.

Besonders nett ist es nämlich auch, wenn Sie zum krönenden Abschluss ein kleines Feuerwerk entzünden und brennende Geburtstagskerzen zwischen die Zehen klemmen. Da Sub aber nichts sehen kann, sollten Sie ihm das Ereignis vorher ankündigen oder ihn nun schließlich doch auch zusehen lassen: »Wenn dir jetzt etwas heiß werden sollte, dann ist das durchaus erwünscht. Wir feiern nämlich jetzt deinen Geburtstag. Leider habe ich den Kuchen vergessen, aber ich denke, da fällt mir eine andere Möglichkeit ein, wie wir die Kerzen gut feststecken können.«

Mal abgesehen davon, dass so eine Fußfolter eine durchaus lustige Angelegenheit ist, sollen dabei Frauen auch schon zum Orgasmus gekommen sein. Ich habe diese Fußfolter von einem guten Freund kennengelernt, der mich auch einmal entsprechend damit verwöhnt hat. Am Anfang war alles noch sehr angenehm, aber dann wurde es heftiger – und zum Schluss habe ich nur noch hysterisch gelacht. Es war ein sensationelles Erlebnis.

Mach mich nass!

In diesem Kapitel geht es um Spiele mit Urin. Man kann mit Körperflüssigkeiten auf sehr vielfältige Weise spielen und es ist auch nicht ausschließlich eine SM-Praktik. Aber man kann das Fließen der Körpersäfte natürlich gut in eine SM-Session einbauen und auch mit Erniedrigung und Scham dabei spielen. Ich habe eine Performance gesehen, die hieß einfach nur »FARM«.

Drei nackte Frauen waren an der Decke mittels einer Hängebondage aufgehängt und Felix war der Milchbauer, der allerdings nichts sprach, sondern sich relativ gefühlskalt und distanziert um seine »Kühe« kümmerte. Er gab ihnen immer wieder Wasser zu trinken, bis deren Blasen eben nicht mehr imstande waren, das Trinkvolumen bei sich zu behalten. Vor den Zuschauern entleerten die Frauen auf der Bühne ihre Blase. Es war ein ziemlich eindrucksvoller Moment, der durchaus lustvoll war und auch viele andere Emotionen bei den Zuschauern auslöste. Es war einfach eine schräge Performance, die aber auch mit den Elementen Scham und Erniedrigung spielte. Die Tänzerinnen waren hilflos und gefesselt und hatten keine Möglichkeit, auf die Toilette zu gehen. Da es sich bei den Zuschauern auch noch um fremde Menschen handelte, diese »Vorführung« also nicht in einem intimen Rahmen stattfand, war es noch erniedrigender für die Tänzerinnen.

Für mich als Zuschauerin war es faszinierend, diesem Ablauf ganz natürlicher Körperfunktionen zuzusehen, der im normalen Leben eher tabuisiert wird. Bei Spielen mit Fäkalien wäre bei mir persönlich die Schmerzgrenze überschritten, aber Urin finde ich in Ordnung. In der Naturheilkunde wird Urin sogar innerhalb einer Heiltherapie eingesetzt. Wenn Sie mit Urin spielen wollen und dieser gut riechen soll, dann sollte Sub am besten viel Wasser trinken. Keinen Alkohol, keine gewürzten Speisen, sondern einfach nur klares Wasser.

Meine erste eigene Erfahrung mit dieser speziellen Praktik entstand aus einer Mail-Freundschaft. Vor einigen Jahren hatte ich einen Freund, mit dem ich vor allem über das Internet verkehrte. Wir erzählten uns von unseren erregenden Fantasien und machten einander auf diese Weise scharf. Wenn wir uns dann ab und zu auch trafen, fielen wir wie die wilden Tiere über uns her, denn so ein Treffen war aus verschiedenen Gründen nicht so leicht zu organisieren. Einmal schrieb er mir: »Ich hatte gestern einen irren Traum von uns. Wir gingen am Fluss entlang und legten uns ins Gras. Wir küssten uns, ich zog dir das Höschen aus und dann hast du dich auf mich gesetzt. Ich habe deine Möse angeschaut, wie sie sich gierig öffnet und mich verschlingen will. Unsere Küsse wurden immer leidenschaftlicher und dann wollte ich einfach nur noch, dass du alles fließen lässt … Ich wollte dich in deiner ganzen Hemmungslosigkeit erleben und von dir nass gemacht werden.«

Diese Fantasie erregte mich damals ungemein und deshalb kann ich mich auch noch so gut daran erinnern.

»Oh, das macht mich scharf«, schrieb ich ihm im Chat zurück.

»Aber ich könnte mir auch noch mehr vorstellen«, verriet ich ihm. »Was denn? Erzähl schon, Stute!« Wir nannten uns damals Hengst und Stute. Nicht gerade einfallsreich, aber es machte uns an.

»Ich werde mich auf dein Gesicht setzen und dann musst du schlucken!«, befahl ich ihm.

»Oh, du geiles Miststück! Ich ahnte, dass das kommen würde. Aber weißt du was? Diese Vorstellung kickt mich total. Ich will, dass du in mein Gesicht spritzt und ich dir dabei zusehen kann.«

Ich freute mich, dass ihm meine Fantasie so gut gefiel. »Oh ja, ich will, dass du alles schluckst. Kein Tropfen meines kostbaren Saftes soll verloren gehen.«

»Du versautes Luder! Ich will, dass du dich ganz fest auf mein Gesicht setzt und ich will dich dabei lecken, wenn es kommt.«

Während ich diese Zeilen las, würde mir immer heißer. »Ja, ich werde über dein ganzes Gesicht spritzen.«

Auch Justin, mein Chatpartner, war Feuer und Flamme.

»Und dann will ich dich so richtig durchficken, du geiles Stück.«

»Oh ja! Und danach will ich auch dir zusehen. Ich will auf der Erde liegen, du sollst über mir stehen und deine Hose öffnen. Dein Schwanz ist zum Bersten voll und groß und du hältst ihn über mich und lässt deinen Saft fließen. Du spritzt über meine Brüste, über meinen Bauch und über mein Gesicht.«

Diese Fantasie machte mich so an, dass ich Mühe hatte weiterzuschreiben, denn ich berührte gleichzeitig auch meine Muschi.

»Ja. Weiter«, drängte mich Justin, weil es ihm mit meiner Antwort zu lange dauerte.

»Ich will wissen, wie du schmeckst. Halte mir deinen Schwanz vor den Mund. Ich will an ihm riechen, will ihn mit meiner Zunge berühren und mich mit der Zungenspitze in dein kleines Loch in deiner Eichel vortasten.«

Dann führte ich meine Fantasie bis zum Ende aus. »Ich will, dass du mir dann deinen Schwanz vors Gesicht hältst und auf meinen Mund zielst. Ich will dir zusehen, wie es aus dir herausspritzt, und dann will ich alles aufsaugen.«

Justin war damals beim erotischen Schreiben meine geheime Muse. Er hatte zu der Zeit einen langweiligen Bürojob, bei dem er ungestört mit mir chatten konnte. Oft stundenlang. Sein jetziger Chef erlaubt ihm leider nicht mehr solche Freiheiten. Schade. Ich finde, du solltest dir wieder einen etwas entspannteren Job suchen, Justin!

Man kann sich an SM-Spielen durchaus auch im Internet erfreuen und dadurch, dass man sich dabei nicht sieht und sich nicht körperlich berühren kann, wird die Fantasie angeregt. Erotik und insbesondere SM haben ganz viel mit Sehnsucht und Verlangen zu tun. Sie könnten also Ihren Liebsten schon mal auf der Arbeit ein wenig scharf machen und ihn auf ein anregendes Abendprogramm einstimmen ...

Wenn Sie und Ihr Sub mit Wasserspielen experimentieren wollen, dann eignet sich dazu eine Situation unter der Dusche ganz hervorragend. Wenn Sub nach einem anstrengenden Arbeitstag nach Hause kommt, wird er freundlich empfangen: »Schatz, du stinkst! Hast du dich heute Morgen etwa nicht gewaschen?«

Dom darf ruhig auch mal ein wenig mit Erniedrigung spielen. Immer nur gut und lieb zu sein, ist langweilig!

»Oh, entschuldige«, wird Sub vielleicht antworten. »Ich möchte natürlich, dass ich gut für dich rieche. Aber geduscht habe ich heute Morgen natürlich schon.«

Dom darf ruhig auch ein wenig fordernder werden. »Jetzt reicht es aber mit deinen Ausflüchten. Auf ins Bad!« Sub muss sich jetzt langsam auszuziehen und Sie kontrollieren, dass er sich ordentlich wäscht. »Bitte auch unter den Achselhöhlen einseifen. Das habe ich gesehen, dass du das vergessen wolltest.«

»Soll nicht wieder vorkommen.«

Kontrollieren Sie, ob auch alles sauber ist. Und dann dürfen Sie erfinderisch werden. Dom kann sich zum Beispiel jetzt auch entkleiden, mit unter die Dusche steigen und Sub in hohem Bogen anspritzen. Oder auch bestimmen, wie Sub sich Erleichterung verschaffen soll. Ihrer Fantasie sind keine Grenzen gesetzt.

Frivoles Ausgehen

Man kann mit SM wunderbar in den eigenen vier Wänden spielen, aber ein besonderer Kick kann auch darin bestehen, bei der erotischen Inszenierung Zuschauer zu haben. Das kann der SM-Session zusätzlich noch einen großen Reiz verschaffen – und wer ein wenig exhibitionistisch veranlagt ist, wird es spannend finden, seine eigene Lust zur Schau zu stellen. Manche Menschen finden das ganz schrecklich und meinen, Sex sollte etwas ganz Intimes bleiben. Aber bei SM geht es nicht nur um körperlichen Verkehr, sondern um ein erotisches Spiel, bei dem auch andere Personen eine reizvolle Rolle spielen können. Aus diesem Grund gibt es die sogenannten SM-Klubs, die eine Möglichkeit bieten, auch andere Menschen in die Erotik mit einzubeziehen, Freunde zu treffen, sich auszutauschen und sich von dem Spiel der anderen inspirieren zu lassen.

Wer Kinder und Familie zu Hause hat, kann sich oft ohnehin nicht so ungezwungen in der eigenen Wohnung austoben. Die Furcht, von den Kindern entdeckt zu werden, ist oft besonders groß. Die Frage: »Mami, wieso verhaut der Papa dir den Popo?«, könnten Sie zwar souverän beantworten: »Mami war böse und muss bestraft werden.«

Aber ob das so förderlich wäre für die Kindererziehung, ist fraglich. Ich weiß nicht, wie Ihre Wohnung aussieht, aber in meinem Apartment wäre es schwierig, wenn ich Haken an der Decke befestigen würde, um Bondage-Seile dort anzuhängen. Auch für ein Andreaskreuz fehlt mir der Platz. All diese Gründe sprechen dafür, ab und zu auch mal einen SM-Klub zu besuchen und sich dort einen anregenden Abend zu gönnen. Fast in jeder größeren Stadt gibt es diese Etablissements, Berlin ist da natürlich führend, aber auch in vielen anderen Gegenden gibt es nette Locations, die Sie im Internet finden können. Oft gibt es dort auch spezielle Motto-Partys, die entweder zu Ihnen passen – oder auch nicht. Deshalb ist es wichtig, sich vorher ein bisschen zu informieren: Wenn Sie gern als Sub und Domina unterwegs sind, dann wären Sie bei einer Roissy-Party, die die Geschichte der O. zum Thema macht, sicher fehl am Platz. Und Paare über 50 sollten vielleicht auf eine Schulmädchen-Party verzichten und stattdessen lieber auf eine ganz normale SM-Play-Night gehen. Es sei denn, Sie stehen auf Ageplay (erotische Spiele mit Altersunterschied), dann passt natürlich die Schulmädchen-Party doch ganz gut.

Sie sehen, es kommt ganz auf die Perspektive an. Auf alle Fälle sollten Sie sich dem Klub und Anlass entsprechend kleiden. In Jeans und Turnschuhen werden Sie sicherlich nicht eingelassen, ein wenig Mühe sollten Sie sich bei der Wahl Ihres Outfits schon geben. Der Dresscode in SM-Klubs ist meist Fetisch, Leder, Latex, Uniform oder einfach auch nackte Haut. Wenn Sie also gar kein Kostüm in Ihrem Kleiderschrank finden, können Sie Ihrem Liebsten immer noch ein Hundehalsband anlegen und ihn im Klub nackt Gassi führen.

SM ist für viele Menschen eine Lebensphilosophie und deshalb geht es manchmal in den Klubs auch sehr ernst zu. Jede Szene hat es so an sich, dass man manchmal ein wenig den Humor vergisst und sich selbst zu wichtig nimmt. Das sollten Sie einfach im Hinterkopf behalten, wenn Sie die SM-Szene näher kennenlernen wollen.

Es versteht sich von selbst, dass man sich in einem Klub respektvoll benimmt und sich nicht über das Spiel der anderen Menschen lustig macht. Seien Sie einfach neugierig darauf, Erotik, Sex und Liebe aus einer ganz anderen und ungewohnten Perspektive zu erleben.

Komm, ich zeig dir meine Welt!

Eine ganz andere Form von SM-Spiel ergibt sich, wenn Sie die Rollen klar verteilen – und das dann den ganzen Tag beibehalten. Das bedeutet, dass sich einer von Ihnen dem anderen einen ganzen Tag lang unterordnen soll.

Bei diesem spielerischen Entdecken müssen keine erotischen Aufgaben erfüllt werden, sondern es geht darum, dass man sich in die Lebenswelt und Sichtweise des Partners begibt. Sub muss an diesem Tag die Bereitschaft mitbringen, sich ganz auf seinen Partner einzustellen und alles mitzumachen, was normalerweise den Alltag des anderen ausmacht.

Das ist ein Erlebnis, das eigentlich weit über SM hinausgeht, denn es dient dazu, den eigenen Horizont zu öffnen und die Welt des Partners vielleicht einmal von einer ungewohnten Seite kennenzulernen. In einer festen Beziehung kennt man sich irgendwann sehr gut: Man weiß, wann der andere seine Lieblingssendungen ansieht, was er gern zum Frühstück isst – und man weiß auch, was ihm auf die Nerven geht. Deshalb nehmen sich Menschen oft sehr zurück, wenn sie in einer Beziehung sind, und versuchen, den Alltag und vor allem Freizeit und Wochenenden so zu gestalten, dass diese auch dem Partner Freude machen. Daran ist zwar nichts auszusetzen, aber das gemeinsame Leben verliert damit auch ein wenig an Vielfalt, weil man sich immer auf den kleinsten gemeinsamen Nenner einigt. Deshalb mein Vorschlag: Seien Sie doch einen Tag lang mal ganz Sie selbst!

Dom darf an diesem Tag ganz egoistisch sein und all die Dinge tun, die ihm Freude machen – und Sub schaut sich den Alltag des Partners genau an und versucht, sich auch dafür zu interessieren. Da Frauen sich oft mehr zurücknehmen als Männer, sollte vielleicht die Frau beim ersten Mal in der dominanten Rolle sein. Der Liebste wird zum stundenlangen Shopping mitgenommen. Er darf Tüten schleppen und soll seine Meinung kundtun: Sieht das blaue Kleid mit dem Reißverschluss vorn hübscher aus als das graue mit den Taschen an der Seite? Und so geht der Tag weiter: Was macht Ihnen Freude und was haben Sie Ihrem Partner bisher immer erspart, liebe Leserin? Ich erzähle Ihnen jetzt einmal etwas sehr Intimes über mich, das bisher nur wenige Menschen von mir wussten, und es hört sich ganz banal an: Ich gehe gern in den botanischen Garten. Dort schaue ich mir die neuen Blumen an, die es letzte Woche noch nicht gab. Ich habe dabei meine ganz genau vorgegebene Reihenfolge, welche Wege ich gehe und diese Regel halte ich bei Wind und Wetter ein. Wenn ich einmal nicht an den Dahlien vorbeikommen kann, weil ich zu wenig Zeit habe, habe ich das Gefühl, dass mir etwas fehlt. Auf der Brücke bleibe ich immer ein wenig stehen und schaue den Karpfen zu, wie sie gierig ihre Mäuler öffnen und um Brot betteln. In den botanischen Garten gehe ich bei Sonnenschein, wenn ich glücklich bin und die Natur genießen möchte. Ich habe aber auch schon vor dem großen Kaktus dort gesessen und geweint, weil eine große Liebe mich verlassen hatte. Jeder Weg durch das Gewächshaus hat für mich eine besondere Geschichte. Auch als ich so hart arbeiten musste, um danach ein Jahr lang um die Welt reisen zu können, habe ich mir hier Kraft geholt. Die exotischen Pflanzen haben mich an mein Ziel erinnert: Ich wollte Abenteuer erleben in fernen Ländern, durch den Urwald trekken und dabei den Orang-Utans zuschauen, wie sie über die Baumwipfel hüpfen. Und ich habe wirklich durchgehalten und mir diesen Traum erfüllt. All diese grünen Palmen haben mir Mut gemacht und mich darin bestärkt, dass das Leben kostbar ist und dass ich jeden Augenblick so leben sollte, wie es mir Freude macht. Es ist etwas sehr Intimes für mich, jemanden mitzunehmen auf diesen Spaziergang und ihm zu erzählen, welche Erinnerungen mit jeder Blume hier für mich verbunden sind. Viel intimer, als mit jemandem Sex zu haben.

Sie sehen, SM kann sehr vielschichtig sein und kann auch auf eine sehr subtile Weise zu neuer Intimität und Vertrautheit führen. Und jetzt wissen Sie auch ein wenig mehr über mich.

Anhang

Glossar: Wichtige SM-Begriffe

BDSM

Diese Abkürzung steht für die englischen Begriffe: Bondage/Discipline (Sinnliche Fesselungen und strenge Erziehungsspiele), Dominance/Submission (erotische Spiele, bei denen es um Macht und Unterwerfung geht), Sadism/Masochism (erotische Spiele, bei denen es vor allem um Lustschmerz geht). Auch wenn man im normalen Sprachgebrauch nur von SM (Sadomasochismus) spricht, so gibt es doch unterschiedliche erotische Subkulturen, die unter dem Begriff »BDSM« zusammengefasst werden und die sich mit den verschiedensten Spielarten der etwas härteren Lust beschäftigen.

24/7-Beziehung

Meist wird BDSM als erotische Spielvariante betrachtet und ansonsten lebt das Paar, das BDSM praktiziert, seinen ganz normalen Beziehungsalltag. Wenn es aber keine Trennung zwischen Alltag und erotischer Rollenverteilung mehr gibt, also das Rollenspiel 24 Stunden lang an 7 Tagen der Woche gelebt wird, dann spricht man von einer 24/7-Beziehung. Diese Variante von BDSM kommt nicht so häufig vor und es ist auch nicht ungefährlich, wenn jemand die Verantwortung für das eigene Leben vollständig an eine andere Person abgibt. Es kann zu großer Abhängigkeit und damit auch zu Persönlichkeitsveränderungen kommen.

Bondage

Erotische Fesselspiele sind eine hohe Kunst. Es gibt verschiedene Bondage-Techniken. Um beispielsweise eine Hänge-Bondage zu erlernen, braucht man viel Zeit und Geduld. Bei dieser speziellen Technik wird der Körper so gefesselt, dass er an einem Seil von der Decke hängt und frei schweben kann. Die japanische Kunst des Fesselns heißt »Shibari« und wurde ursprünglich zu militärischen Zwecken eingesetzt. Mit der Zeit hat sich daraus eine erotische Kunstform entwickelt und in vielen Klubs in Tokio gibt es spezielle Vorführungen, die fast meditativen Charakter haben. Fesselungen haben aber auch in Amerika Tradition, denn sie halfen den Cowboys, ihre Viehherde mit dem Lasso unter Kontrolle zu halten. Diese westliche Form von Bondage ist weniger kunstvoll und dient in erster Linie der Bewegungseinschränkung.

Dom/Sub

Bei SM-Rollenspielen gibt es häufig eine Rollenverteilung, in der einer den dominanten Part einnimmt (Dom) und der andere sich unterwirft und in der submissiven Rolle ist (Sub). Andere Bezeichnungen dieses erotischen Machtgefälles sind auch Top/Bottom.

Englische Erziehung

Hier geht es um ein erotisches Rollenspiel von Lehrer/Schüler, bei dem natürlich beide Rollen von Männern oder Frauen eingenommen werden können. Beliebte Hilfsmittel zur Disziplinierung sind Rohrstock und Lineal, denn damit können gezielt Bestrafungen auf Händen oder auf dem Gesäß vorgenommen werden. Da England bis ins 19. Jahrhundert für seine strengen Erziehungsmethoden bekannt war, hat die SM-Szene daraus eine erotische Spielvariante entwickelt.

Facesitting

Diese Sexualpraktik heißt auch »Gesichtssitzen«. Dabei sitzt ein Partner bekleidet oder unbekleidet auf dem Gesicht des anderen. Es ist eine Form von Dominanz, bei der es üblicherweise um Oralverkehr geht, der in dieser Position besonders gut von der dominanten Person gesteuert werden kann. Wenn der dominante Partner dabei bekleidet bleibt, geht es vor allem um die Demonstration von Macht und Unterwerfung. Wenn eine Frau in der dominanten Position ist, dann spricht man auch von »Queening« und sie darf sich bei diesem Rollenspiel wie eine Königin fühlen.

Fisting

Bei dieser sexuellen Technik wird eine Hand oder auch eine Faust in die Vagina oder den Anus geschoben. Das Gefühl der extremen Dehnung hat für viele Menschen einen besonderen Reiz. Man sollte dabei medizinische Einweghandschuhe tragen und ein Gleitmittel verwenden, das speziell für vaginalen oder analen Verkehr vorgesehen ist.

Flagellation

Dieser Begriff geht auf das lateinische Wort »flagellum« (Geißel oder Peitsche) zurück und bezeichnet Schläge auf den menschlichen Körper mithilfe von Peitsche oder Rohrstock. Die Flagellanten waren eine religiöse Gruppierung, die im 14. Jahrhundert zu Zeiten der Pest durch Europa zog und öffentliche Selbstgeißelung praktizierte. Dadurch wollten sie Gott um Vergebung ihrer Sünden bitten und ihn milde stimmen. Auf Gemälden werden sie oft mit einem ekstatisch-verzückten Gesichtsausdruck dargestellt – wahrscheinlich war den Flagellanten die erotische Komponente des Lustschmerzes schon damals bewusst.

Fetisch

Von einem Fetisch spricht man, wenn ein Mensch durch ein Objekt oder auch den Anblick eines Körperteils sexuell erregt wird – und dies unabhängig von einer bestimmten Person passiert. Es gibt zum Beispiel Fußfetischisten, die besonders durch Füße erregt werden, und Nylonfetischisten, bei denen das hauchdünne Material eine erotische Stimulierung auslöst.

Pet-Play

Hier handelt es sich um ein spezielles erotisches Rollenspiel, bei dem sich jemand als Tier fühlt und sich auch so benimmt. Dazu benötigt er dann meist eine andere Person, die sich um die Erziehung des »Tieres« kümmert. Besonders beliebt sind Rollenspiele als Katze, Hund oder auch als Pony. Vor allem für das Pony-Play gibt es aufwendige Gesichtsmasken, Bekleidung und sogar Schuhe zu kaufen, die wie Hufe aussehen. Damit wirkt das Spiel sehr lebendig und realistisch.

Safeword

In einem SM-Spiel wird oft ein Codewort (Safeword) ausgemacht, das vom Sub verwendet werden kann, wenn er das Spiel abbrechen möchte. Es wird empfohlen, immer mit einem Safeword zu spielen, damit es nicht zu Verletzungen oder Grenzüberschreitungen kommt.

SM-Session

Darunter versteht man ein klar vereinbartes erotisches Spiel, bei dem die Teilnehmer frei ausgewählte Rollen einnehmen, die oft durch ein besonderes Machtgefälle gekennzeichnet sind wie zum Beispiel Herr und Zofe, Domina und Sklave ... Meistens gibt es für eine SM-Session einen genau vorgegebenen Zeitraum, und anschließend begegnet man sich wieder auf einer gleichberechtigten Beziehungsebene.

Spanking

Bei dieser erotischen Spielvariante wird mit der Hand auf das Gesäß geschlagen (engl.: »to spank« – jemandem den Po versohlen). Oft entstehen bei den Beteiligten lustvolle Fantasien von Bestrafung und Ungehorsam.

SSC

Diese Abkürzung wird in der BDSM-Szene häufig verwendet und bedeutet: safe, sane, consensual. Es wird darauf Wert gelegt, dass beim erotischen Spiel ausreichend auf Sicherheit geachtet wird (safe), dass sich alle Beteiligten in einem Zustand von geistiger Klarheit befinden und beispielsweise auch keine Drogen im Spiel sind (sane). Außerdem soll das erotische Spiel immer im gegenseitigen Einvernehmen (consensual) stattfinden. Damit möchte sich die SM-Szene von krimineller Gewalt abgrenzen. Man sollte sich beim Praktizieren von SM also immer sicher, vernünftig und einvernehmlich verhalten.

Switchen

Dieser Begriff kommt aus dem Englischen und bedeutet, dass jemand flexibel ist und sowohl die dominante als auch die submissive Rolle spielen kann.

Vanilla-Sex

Die BDSM-Szene bezeichnet oft den »normalen« Geschlechtsverkehr als »Vanilla-Sex« oder auch »Blümchensex«. Damit wird darauf Bezug genommen, dass es beim SM eben ein wenig härter zugeht als bei anderen »Spielarten des Sex«.

TOP 10 Links und Adressen zum Thema BDSM

Erotik-Coaching und Kurse mit Christine Janson:
www.christinejanson.de
Zentrum für Kunst, Erotik und experimentelle Körperarbeit:
www.schwelle7.de
Das Festival zur Kunst der Lust: www.xplore-festival.com
Für alles, was schöne Leiden schafft: Bondage, SM-Toys,
Beratung: www.diequaelerei.de
BDSM-Toys, -Möbel und Keuschheitsgürtel: www.eufory.de
Käfige, Gyn-Stühle und andere böse Spielsachen:
www.eviltoys.de
Korsettmanufaktur: www.tomto.de
Sexspielzeuge und mehr – vor allem für Frauen:
www.erotischesfuerfrauen.de
Ausgefallene Mode zum fantasievollen Verkleiden: INSTYLE
Hollywood, Große Eschenheimer Str. 41, 60313 Frankfurt
Erotik-Event – die Geschichte der O. selbst erleben:
www.eroluna.de

Meine TOP 10: SM & Fetish-Clubs

Venusbergbar: www.venusberg-bar.de
Hedonistischer BDSM-Klub: www.kitkatclub.org
Der schönste Swingerklub Deutschlands:
www.schloss-milkersdorf.de
BDSM-Eventklub: www.catonium.com
SM-Location zum Mieten: www.club-de-sade.org
Familiärer, netter SM-Klub: www.gargoyle-berlin.de
BDSM & Swingerclub: www.insomnia-berlin.de
Ein sinnlicher SM-Fetisch-Klub: www.darksideclub.net

BDSM-Stammtische und Events: www.grande-opera.de

BDSM-Verein für schwule Männer: www.quaelgeist-berlin.de

Meine TOP 10: SM-Lektüre und Filme

Zum Lesen

Bitterzarte Lust. Gabriele Gremmel; als Taschenbuch im Carl
  Stephenson Verlag, (2013); als E-Book im Christine Janson
  Verlag, (2011)

Das Bondage-Handbuch. Matthias T. J. Grimme; Charon-Verlag
  (1999)

Der Kick im Kopf. Arne Hoffmann; Schwarzkopf & Schwarzkopf
  (2004)

Die Geschichte der O. Pauline Réage; Herbig Verlag (1969)

Golden Shower. Gordon Denman; Edition Reuss (2012)

Fetish Fantastic. Cecilia Tan; als E-Book im Christine Janson
  Verlag (2012)

Schlagzeilen. SM-Zeitschrift; www.schlagzeilen.com

Zum Anschauen

Belle de jour – Schöne des Tages. Film von Luis Buñuel (1967)

Die flambierte Frau. Film von Robert van Ackeren (1983)

Eyes Wide Shut. Film von Stanley Kubrick (1999)

Danksagung

Ich beschäftige mich seit vielen Jahren aktiv mit dem Thema BDSM – und vor allem der Choreograf und Performance-Artist Felix Ruckert aus Berlin hat mich zu diesem Thema sehr inspiriert. In seinem Berliner SM-Zentrum Schwelle 7 habe ich mit vielen Menschen ekstatische und spannende Erfahrungen machen dürfen – und auch einige SM-Übungen in diesem Buch wurden davon inspiriert. Der Performer delta® hat mich mit seiner Fußfolter »verwöhnt« und mit Matthias T. J. Grimme, dem Herausgeber der »Schlagzeilen«, durfte ich meine erste Hängebondage erleben. Mit dem Erotik-Veranstalter Eroluna habe ich einige aufregende SM-Erlebnisse genießen dürfen, unter anderem im wunderschönen Klub Schloss Milkersdorf.

Besonderen Dank auch meinem Agenten Carsten Wittmaack, der mich mit der wunderbaren Redaktionsleiterin vom Südwest Verlag zusammengebracht hat. Ich freue mich auf die hoffentlich langjährige Zusammenarbeit mit diesem tollen Verlag.

Und ich danke vor allem auch Giuseppe, der mich beim Schreiben mit seinem unübertrefflichen Basilikumpesto und anderen italienischen Leckereien verwöhnt und bei Laune gehalten hat.